GOLDMANN
A R K A N A

W0039261

Buch

Liebe, Freundschaft, Job, Gesundheit – was immer wir uns wünschen, die spielerische Methode der kosmischen Bestellung macht es möglich. Die britische Prominenten-Beraterin Debbie Frank erklärt leicht verständlich, wie man sich die eigenen Wünsche und Ziele bewusst macht, sie konkret formuliert und mit der Kraft der Gedanken auch erreicht.

Wir alle haben die Fähigkeit, uns große und kleine Wünsche zu erfüllen, und einige nutzen diese Fähigkeiten sogar schon Tag für Tag, so wie zum Beispiel der erfolgreiche Golfspieler Tiger Woods: Bereits vor dem Schlag visualisiert er, wie der Ball ins Loch geht – und es funktioniert. Selbst wissenschaftliche Studien haben bewiesen, dass Menschen, die Glückliches denken, auch Glück haben. Die Methode der kosmischen Bestellung verbindet uns mit unserer eigenen inneren Stimme und bietet einen spielerischen Freiraum für die Selbstentfaltung – und so die Möglichkeit, uns Traumhaus, Traumleben und Traumpartner quasi »herbeizudenken«.

Autorin

Debbie Frank machte ihr Diplom an der Faculty of Astrology Studies und ist seit 1984 als Astrologin tätig. Seit 1994 schreibt sie für verschiedene britische Zeitschriften und Magazine, unter anderem für *Daily Mirror*, *Sunday Mirror* und *First Magazine*. Debbie Frank begleitete und beriet Prinzessin Diana acht Jahre lang als Astrologin und gilt heute in Großbritannien als Astrologin der Superstars. Die Autorin lebt mit ihrem Mann und ihrer Tochter in London. Mehr Informationen zu Debbie Frank und ihrer Arbeit finden Sie auf ihrer Website: www.debbiefrank.co.uk.

Debbie Frank

Kosmische Bestellungen
für Liebe und Glück

Aus dem Englischen von Rita Höner

GOLDMANN
ARKANA

Die englische Originalausgabe erschien 2007 unter dem Titel
»Cosmic Ordering. A Guide to Life, Love and Happiness« bei
Penguin Books Ltd., London.

FSC
Mix
Produktgruppe aus vorbildlich
bewirtschafteten Wäldern und
anderen kontrollierten Herkünften

Zert.-Nr. SGS-COC-1940

Verlagsgruppe Random House
FSC-DEU-0100
Das für dieses Buch verwendete
FSC-zertifizierte Papier *München Super*
liefert Mochenwangen.

1. Auflage
Deutsche Erstausgabe Dezember 2007
© 2007 der deutschsprachigen Ausgabe
Wilhelm Goldmann Verlag, München
in der Verlagsgruppe Random House GmbH
© 2007 Debbie Frank
Umschlaggestaltung: Design Team München
Umschlagmotiv: Design Team München
Redaktion: Ralf Lay
WL · Herstellung: CZ
Satz: Greiner & Reichel, Köln
Druck und Bindung: GGP Media GmbH, Pößneck
Printed in Germany
ISBN 978-3-442-21808-0
www.arkana-verlag.de

Für Lulu-Mei –
du bist meine ganz besondere Lieferung!

Inhalt

Einführung

Was, wenn …?

Warum habe ich dieses Buch geschrieben? Ich bin Astrologin, und im Lauf der Jahre haben mir zahlreiche Menschen ihre Hoffnungen, Träume und Wünsche anvertraut. Ich habe Geschichten gehört, in denen vieles sich erfüllt hat, manche aber auch bitter enttäuscht wurden. Es ist herrlich, wenn jemand das Gefühl hat, alles zu bekommen, was er sich wünscht; wenn die Sterne perfekt stehen; wenn jemand meint, mit dem in Einklang zu sein, was das Universum zu bieten hat – oder wenn ein Traum wahr wird. Das gibt es. Aber genauso oft höre ich Leute sagen, sie seien im Leben zu kurz gekommen, wüssten nicht, was sie falsch machen, oder würden nie jemanden kennenlernen.

Es stimmt: Im Kosmos gibt es Abläufe, die sich unserer Kontrolle entziehen. Aber wir können einen kosmischen Vorgang auch *anstoßen*. Zurzeit wird es plötzlich allen bewusst – die Menschen reden über kosmische Bestellungen und darüber, dass sie ihre Wünsche ins Universum hinaussenden.

Und dann? Was, wenn nun nichts passiert? Wenn das Universum immer noch nicht liefert? Dieses Buch beschäftigt sich mit den »Was-wenn …?«-Problemen. Es hilft Ihnen, zu erkennen, dass *Sie* Ihre Realität erschaffen. Sie brauchen nicht zu verändern, was Sie sind oder tun. Aber Sie müssen sich mit den Überzeugungen und Mustern beschäftigen, die Ihre kosmische Bestellung im Depot vergammeln lassen, statt zu erwarten, dass sie Ihnen automatisch per Eilzustellung an die Haustür geliefert wird.

> *»Alles, was wir sind, ist ein Ergebnis dessen,*
> *was wir denken.«*
> Buddha

Als Astrologin werde ich immer wieder gefragt: »Wie sieht meine Zukunft aus?« Die Frage impliziert, dass der Kosmos schon alles für uns festgelegt hat. Die Leute sind dann ziemlich überrascht, wenn ich ihnen erwidere: »Was würden *Sie* sich denn für Ihre Zukunft wünschen?« *Denn Sie werden das, was Sie denken.* Unsere Gedanken besitzen eine unvorstellbare Macht – wie Viren breiten sie sich so schnell aus, dass sie alles beeinflussen, was wir tun. Was wir denken, wirkt sich nicht nur auf die Ereignisse in unserem Leben aus, es bestimmt auch, wie wir diese Ereignisse wahrnehmen, was wir anziehen und aus dem Ganzen machen.

Wenn das, was wir denken, eine so entscheidende Rolle spielt, kommt es darauf an, dass wir unserem Gehirn die »richtigen« Gedanken eingeben. Durch positives Denken können wir diese unglaubliche Einrichtung, diesen Bestell-und-Liefer-Service, aktiv nutzen. Wir können alles Mögliche anfordern – eine Chance, eine Beziehung oder mehr Glücksbewusstsein. Das muss kein Egotrip sein – wir können auch darum bitten, dass andere glücklich sind oder dass es ihnen gut geht. Aber funktioniert das auch wirklich? Kann ein Wunsch etwas bewirken? Sehr oft höre ich nämlich Leute sagen: »Ich lerne nie jemanden kennen. Ich bekomme nie das angeboten, was ich will.« Was läuft da ab?

Sie wollen bestellen?

Wenn Sie ins Restaurant gehen und der Kellner kommt, um Ihre Bestellung aufzunehmen, würden Sie nicht im Traum daran denken, »Steak mit Fritten« zu sagen, wenn Sie in Wirklichkeit Lachs an neuen Kartoffeln essen wollen. Kosmische Bestellungen sind so ähnlich, als würden Sie in ein Restaurant gehen und Ihre Bestellung aufgeben. Die Methode ist ziemlich einfach. Sie nennen das, was Sie wollen, und keineswegs etwa das, was Sie nicht wollen.

Wenn der Kellner es mit seinem Job nicht so eilig hat, müssen Sie ihn auf sich aufmerksam machen. Genauso ist es mit dem Kosmos. Manchmal müssen Sie ziemlich direkt sein und Ihre gesamte Willenskraft einsetzen, um sich bemerkbar zu machen und das Gewünschte zu bekommen. Ein anderes Mal zieht der Service sich wie Kaugummi dahin. Er folgt seinem eigenen Tempo. Aber Sie genießen das Ambiente und können den lieben Gott einen guten Mann sein lassen, bis das, was Sie wollen, vor Ihnen steht.

Manchmal bestellen Sie, aber auf Ihrem Tisch kommt etwas anderes an, als Sie wollen. Der Kosmos schickt Ihnen jemanden oder etwas, mit dem Sie nicht gerechnet haben. Dann können Sie beschließen, es zurückgehen zu lassen; oder Sie denken: »Hmmm, eigentlich sieht das doch ganz lecker aus, nehm ich eben das!«

Sollen bestimmte Dinge einfach so sein?

Sollen also bestimmte Dinge einfach so sein, wie sie sind? Teilt das Schicksal uns die Karten zu? Bis zu einem gewissen Grad ja. Wir sind keine unbeschriebenen Blätter. Manches ist schon auf ihnen notiert, wenn wir hier ankommen; aber was zählt, ist das, was wir daraus machen. Wir können uns nicht aussuchen, in welche Umstände wir hineingeboren werden (oder vielleicht doch, aber das ist eine spirituelle Theorie für sich). Doch wir können immer entscheiden, was wir denken und wie wir mit dem umgehen, was mit uns geschieht. Wir meinen vielleicht, unser Einfluss auf die Realität wäre minimal, aber in Wirklichkeit ist er entscheidend.

Ein fester Gegenstand, zum Beispiel ein Löffel, kann

durch bloße Geisteskraft verbogen werden, was zeigt, dass die Realität nicht annähernd so fest gefügt oder unveränderlich ist, wie sie scheint. Alles ist auf irgendeiner Ebene in Veränderung begriffen. *Zwischen uns und dem Schicksal besteht eine ständige Wechselwirkung.* Manchmal meinen wir, wir hätten nicht die Macht, etwas zu tun, und dann diktierten die Umstände, was passiert. Manchmal blocken wir auch etwas ab, was zu uns kommen will. Wir versuchen, die Dinge selbst in die Hand zu nehmen, und wollen so einer schwierigen Situation aus dem Weg gehen. Aber dadurch weigern wir uns unter Umständen auch, uns zu öffnen oder uns einen anderen Standpunkt anzusehen – und hindern uns so selbst daran, die guten Seiten des Lebens zu erfahren.

Mein Wunsch

Ich habe dieses Buch geschrieben, weil ich glaube, dass hinter kosmischen Bestellungen mehr steckt, als lediglich einen Wunsch zu äußern. Astrologie ist mehr als die subtilen Energien der Sterne. *Der entscheidende Bestandteil sind Sie. Sie sitzen an den Schalthebeln.* Ich schreibe hier über Ihre Denk- und Verhaltensmuster, über das, was Ihrer kosmischen Bestellung in die Quere kommen kann, und darüber, wie Sie anders denken, effizient handeln und Ihre Wünsche verwirklichen können. Eben jetzt, in diesem Augenblick, ziehen Sie Ihre Realität magnetisch an. Dieses Buch ist in Ihre Hände geraten, weil Sie es ausgesucht haben, oder »durch Zufall«. Erschaffen Sie mit diesen Worten das, was Sie sich wünschen. Ich jedenfalls wünsche Ihnen für Ihr Leben, Ihre Liebe und Ihr Glück nur das Beste.

1
Das Universum –
Zusammenstoß zweier Welten

Die sichtbare Welt

Jeder von uns hat eine andere Einstellung zum Leben, zur Liebe und zum Universum. Wir sehen die Welt durch unsere eigene Brille, sodass sich die Realität anderer Menschen nie genau mit der unseren deckt. Natürlich sind wir uns alle darin einig, dass ein Spaten ein Spaten und ein Teller ein Teller ist. Aber selbst diese Gegenstände sind nicht so massiv, wie sie zunächst scheinen mögen. Sie bestehen aus winzigen vibrierenden Teilchen, die in der Form aneinanderhängen, die wir sehen, berühren und »Spaten« oder »Teller« nennen. Alle Gegenstände in unserer materiellen Alltagswelt – auch die Nahrung, die wir essen, die Kleider, die wir tragen, und sogar unser Körper – bestehen aus demselben »Stoff«: Energie.

Wenn wir über das Leben nachdenken, ist es wichtig, nicht bei der sichtbaren Seite der Dinge stehen zu bleiben. Von der Wissenschaft etwa hören wir ständig, dass nur das existiert, was bewiesen ist. Aber was ist mit Liebe und Schönheit? Sie können zwar nicht »bewiesen« werden, sind für uns aber doch ziemlich real.

Das Merkwürdige ist, dass bislang kein Wissenschaftler belegen konnte, dass die so genannte »reale Welt«

tatsächlich existiert, wie wir sie wahrnehmen. Die Welt wirkt real, aber wenn wir sie mit dem Mikroskop untersuchen, stellt sie sich als Kraftfeld aus elektromagnetischem Rohmaterial heraus, das sich zu Formen und Mustern arrangiert, die von uns erkannt und von unserem Gehirn als verschiedenartige, identifizierbare Gegenstände registriert werden.

Man könnte deshalb sagen, dass die Welt eigentlich von uns selbst in unserem Kopf erschaffen wird: Unser Körper und unser Gehirn empfangen Botschaften, unsere fünf Sinne ordnen die von außen kommenden Eindrücke, und wir arbeiten diese Informationen in unsere gute, alte, bekannte Welt ein. Aha, da sind sie ja wieder! Wir wiederholen uns das Gesehene, Gehörte oder auf andere Weise Signalisierte und haben damit die Rückversicherung, dass wir noch existieren und alles noch da ist, halt wie immer.

Was aber so nicht stimmt. Denn unterm Strich ergibt sich eine echte Überraschung: Jeder von uns erschafft sich seine Realität selbst. Er beschließt, das zu sehen, was er sehen will. Jeder von uns gestaltet und wählt mithilfe seiner individuellen Filter – seiner Eigenschaften, seiner Erwartungen und seiner Umwelt – seine eigene Version der Wirklichkeit.

Das ist ein sehr befreiender Gedanke. Er bedeutet, dass wir nicht darauf beschränkt sind, das Leben als etwas» wahrzunehmen, »was uns passiert«. *Vielmehr wirft das Universum Ihnen Ihr Spiegelbild zurück. Und deshalb können Sie es in die Form bringen, die Ihnen gefällt.*

Das mag sich so anhören, als wäre dazu ein Zaubertrick oder eine jahrelange Selbstkasteiung als Yogi nötig. In Wirklichkeit ist es richtig simpel. Denn Sie werkeln bereits in diesem Sinne. Sie sehen die Welt ja schon mit Ihren Augen, durch die Brille Ihrer Ideen, Vorlieben, Konditionierungen und Erkenntnisse. Und diese Welt unterscheidet sich sehr stark von der aller anderen Menschen.

Die unsichtbare Welt

Es gibt eine unsichtbare Welt, die jeden Aspekt unseres Seins durchzieht. Diese Welt ist der Leim, der alles zusammenhält und uns hilft, das Leben zu verstehen. Sie umfasst unsere Gefühle und Eingebungen, unser Wissen und unsere Bindungen an andere. Sie ist das, was C. G. Jung das »kollektive Unbewusste« nannte und bei Deepak Chopra »die Suppe« heißt.

Manche Menschen fühlen sich diesem unsichtbaren Reich mehr verbunden als andere. Ärzte, Wissenschaftler und Ingenieure sind eher von dem fasziniert, was sie greifbar in der sichtbaren Welt sehen, während Medienleute, Künstler und Schriftsteller oft vom Unsichtbaren angezogen sind. Jeder von uns befindet sich irgendwo auf diesem Spektrum und wandert zwischen den beiden Extremen hin und her.

Wir sind gezwungen, in der »realen«, sichtbaren Welt zu leben, weil wir in sie hineingeboren wurden. Wir leben in unserem Körper, der unser erstes handfestes Gut ist. Der Umgang mit der Körperlichkeit ist ein wesentlicher Bestandteil des Lebens. Jeder von uns muss die unausweichliche reale Welt akzeptieren: sich mit Geld befassen, einen Platz zum Leben finden, Nahrung zum Essen besorgen und verschiedenen Körperfunktionen nachkommen. Die Welt, die wir dabei entdecken, könnte schön, lustvoll und vergnüglich sein. Manche Körperfunktionen sind tatsächlich ausgesprochen angenehm!

Die unsichtbare Welt dagegen ist sozusagen ein Wahlfach – sie erscheint vielleicht wie ein Luxus, ist aber keine Ferieninsel mit Rundum-Verwöhnpaket. Wir verdrängen oder verleugnen sie auf eigene Gefahr. Bedenken Sie zum Beispiel, wie es ist, wenn Wut oder Frust sich aufstauen. Bis Sie schließlich ausrasten, hat Ihre negative Energie schon ziemliche Kreise gezogen.

Im Reich des Unsichtbaren finden wir Anleitung, Inspiration, Liebe, Freundlichkeit, Toleranz und Vergebung – und unser Gespür dafür, dass etwas Wichtiges bevorsteht. Das unsichtbare Reich wird vom harten Kern der »Realen-Welt-Gemeinde« natürlich nach Strich und Faden abgekanzelt. Als würde es nicht existieren. Was in gewisser Hinsicht verständlich ist, denn schließlich *ist* es unsichtbar! Aber warten Sie nur, bis einer dieser rationalen Typen sich verliebt. Dann wird ihm klar, dass es im Leben mehr gibt als Fakten und Zahlen. Natürlich haben die Wissenschaftler sich auch die Liebe unter den Nagel gerissen und vor kurzem verkündet, sie sei lediglich ein Haufen biochemischer Substanzen, die ins Blut ausgeschüttet werden. Sie sagen, in Wirklichkeit seien wir bei ihr auf Gedeih und Verderb einem schnellen Serotoninanstieg ausgeliefert. Biochemisch gesehen stimmt das vielleicht sogar, aber es gibt auch den spirituellen, emotionalen, ganz unirdischen Wohlfühl-Faktor, der zwei Seelen verbindet. Man kann die Liebe nicht auf ein paar hochgejubelte, wild gewordene Chemikalien reduzieren.

Gut oder schlecht?
Die Realität ist nicht objektiv

Das unsichtbare Reich verbindet uns. Wenn Klienten mich wegen einer astrologischen Beratung aufsuchen und ich anfange, einen bestimmten Planetentransit in ihrem Horoskop zu erklären, unterbrechen sie mich oft mit der Frage: »Ist das nun gut oder schlecht?« Das zeigt, wie sehr die Einbeziehung einer unsichtbaren Kraft uns beunruhigt: Sofort – noch bevor irgendetwas passiert ist – wollen wir sie in ein überschaubares, bestimmbares Raster pressen. So haben wir alles wieder im Griff. Meinen wir.

Für die unsichtbare Realität ist dieses Schubladendenken völlig unangemessen, denn gerade aus den schlimmsten Erfahrungen kommt die größte Bewusstheit und wird unsere seelische Kraft zutage gefördert. Während die »guten« Erlebnisse, auf die wir uns freuen, etwa eine

Hochzeit oder die Geburt eines Babys, oft auch den meisten Stress bringen können. Nichts ist so, wie es scheint oder erwartet wird. Alles ist einfach Teil des Ganzen.

Jede Situation kann als gut oder als schlecht betrachtet werden. Es kommt darauf an, wer sie sich ansieht. Mit einer Entweder-oder-Mentalität können wir sogar ziemlich schnell eine Bauchlandung machen. Wir haben dann nämlich ruck, zuck unser Urteil parat. Und genau diese Einstellung kann zu einem Bruch, einer Scheidung oder einem Krieg führen. Wenn Sie also das nächste Mal jemanden mit der ganzen Kraft eines emotionalen Terroristen attackieren wollen sollten, dann tun Sie gut daran, sich zu erinnern, dass wir alle aus demselben Stoff gemacht (sichtbare Welt) und miteinander verbunden sind (unsichtbare Welt).

Egal, wie allein, isoliert oder einsam Sie sich fühlen, und gleich, ob Sie alles hinter sich lassen und zwanzig Jahre schweigend in einer Berghütte meditieren oder den ganzen Tag mit Migräne im Bett liegen – es ist einfach unmöglich, nicht allem verbunden zu sein. *Sie sind mit im Boot, ob Sie wollen oder nicht.*

Wenn Sie möchten, können Sie die Telefonnummern Ihrer besten Freunde im Kurzwahlverzeichnis speichern. Dass andere über die fünf Sinne und dank der Technik für Sie verfügbar sind, macht sie in gewisser Weise präsent. Aber die Leute zu besuchen, mit ihnen zu reden oder E-Mails hin- und herzuschicken sind nicht die einzigen Möglichkeiten, in Verbindung zu bleiben.

Schon ein Baby lernt, dass seine Eltern es weiter lieben und umsorgen werden, auch wenn es nachts allein in seinem Bettchen liegt. Es muss Vertrauen in die unsichtbare Welt entwickeln – wenn auch mithilfe eines Gegenstands, an dem es die Liebe seiner Eltern auch dann festmachen kann, wenn sie vorübergehend nicht anwesend sind. Hätten wir das nie gelernt, würden wir wohl bis weit in die Midlife-Crisis hinein unserer Mutter am Rockzipfel hängen.

Tatsache ist, dass wir uns oft *gedanklich* mit anderen verbinden. Manchmal empfängt der andere diese Gedanken sogar so intensiv, dass er zum Telefon greift und uns anruft.

Energie

Womit wir beim Thema Energie wären. Damit meine ich weder die Kalorien in Lebensmitteln noch das, was wir verbrauchen, wenn wir auf dem Laufband trainieren oder unserem Kind oder einem Lover hinterherrennen … Ich meine die Energie, die der Stoff des Lebens in der unsichtbaren Welt und eben das ist, was wir uns einverleiben, ohne es überhaupt zu merken.

Diese Art von Energie existiert in verschiedenen Schwere- und Intensitätsgraden. Sie kann eine bleierne Kraft sein, die wie ein Elefant umherstampft, sich auftürmt wie eine vielgeschossige Wohnanlage oder als schwarze Stimmung in der Luft liegt. Leichte, helle Energie dagegen kann wie feine Watte, eine Feder oder ein Kuss sein.

Wir spüren die Energie anderer, obwohl sie unsichtbar ist. Genau sie zieht uns zu bestimmten Menschen hin, lässt uns zu anderen auf Abstand gehen und scheint dafür verantwortlich zu sein, dass wir in manchen Fällen (wenn wir besonders »durchlässig« sind) die Stimmungen anderer Leute übernehmen – wir wundern uns dann, warum wir fühlen, was wir fühlen. Die Energie, die Stimmung, die Atmosphäre, die Schwingung – oder wie immer sonst Sie es nennen wollen – zu spüren setzt voraus, dass Sie die subtilen Kräfte und Strömungen bemerken und aufnehmen, die Orte, Menschen und Situationen wie Wirbel umgeben.

Je stärker Sie sich dieser Energie bewusst sind, desto leichter ist es, eine Situation zu verstehen, selbst zum richtigen Zeitpunkt zu handeln und die kosmische Bestellung in eine Atmosphäre abzuschicken, die empfangsbereit ist.

✪ Die Energie bzw. die Erfahrung verändern

Weil sich die Welt um unsere Erwartungen herum arrangiert, können wir an ihr etwas bewirken, indem wir diese Erwartungen verändern. Wenn Sie zum Beispiel stets davon ausgehen, dass eine bestimmte Bekannte in Selbstmitleid zerfließt oder habgierig oder schwierig ist, wird sie sich Ihnen gegenüber wohl auch genauso präsentieren. Aber falls Sie sie jedes Mal, wenn Sie ihr begegnen, so sehen, als wäre es das erste Mal, mit neuen Augen und keinerlei Erwartungsdruck, geben Sie ihr die Chance, Sie (angenehm) zu überraschen.

Ich könnte sogar so weit gehen, hinzuzufügen, dass Ihre bloße Anwesenheit in einem mit Gegenständen angefüllten Raum die Energie dieses Raums verändert. Und dass ein Gegenstand sein bisheriges Wesen verliert, sobald wir ihn ansehen, denn unsere Gegenwart und der Vorgang des Ansehens haben seine Energie verändert.

> **Unsere Bitte hat einen spirituellen Hintergrund**
> Aber die Lieferung findet auf der Erde statt! Kosmische Bestellungen sind eine Verbindung zwischen Himmel und Erde, zwischen Göttlichem und Weltlichem.

✪ Das Universum bei kosmischen Bestellungen verstehen

Es ist wichtig, dass Sie Ihre Energiekanäle öffnen und empfangsbereit sind, dass Sie wissen, um was es geht, und für die Aufnahme von Signalen aus der unsichtbaren Welt empfänglich sind – Signalen, die von anderen Menschen stammen können oder uns einfach bestätigen, dass wir auf dem richtigen Weg, am richtigen Ort oder mit der richtigen Sache beschäftigt sind.

Letztlich geht es darum, dass wir auf dieser großen Reise, die »Leben« genannt wird, nicht schlafen, sondern hellwach auf verfügbare Botschaften achten. Und sicherstellen, dass wir bewusst genug sind, eine Bestellung aufzugeben und für die Lieferung bereit zu sein, egal, wann sie eintrifft.

Sie müssen Ihrer Energie, Ihrer Lebenskraft, Beachtung zuteil werden lassen. Registrieren Sie ihre Aufs und Abs – und wie stark manche Menschen und Situationen die Stimmungen beeinflussen. Wie können Sie Ihre Energie verstärken und sich vor »Energievampiren« schützen? Sie müssen körperlich und geistig stark, geschickt und entschlossen sein, wenn Sie von kosmischen Bestellungen profitieren wollen.

Das bedeutet, dass Sie es sich nicht leisten können, sich bloß zurückzulehnen und darauf zu warten, dass das Leben auf Sie zukommt. Natürlich existieren »dort draußen« Strömungen, die Sie von Zeit zu Zeit dazu veranlassen könnten, sich einfach treiben zu lassen. Aber Sie müssen Kurs halten und eine Absicht oder ein Ziel im Sinn haben. Das Ja zum Leben impliziert, dass Sie alles bemerken und zum Einsatz bringen, was Ihnen zur Verfügung steht.

Wenn Sie deprimiert sind oder sich Sorgen machen, blockieren Sie den Energiefluss sofort. Dann sind Sie, wie es so schön heißt, selbst Ihr ärgster Feind. Jedes Mal, wenn Sie einen negativen Gedanken haben, das Schlimmste annehmen oder sich von einer Gruppenmentalität anstecken lassen, die mit der Angst arbeitet, verlieren Sie Energie. Das bedeutet nicht, dass immer negative Energie entsteht, wenn Sie über »schlimme« Dinge nachdenken oder über sie reden. Es stimmt auch, dass geteiltes Leid halbes Leid sein kann. Aber es wird möglicherweise auch doppelt so groß werden. Wenn Sie aus solchen Gedanken oder Gesprächen mit etwas Positivem herauskommen oder wenn Sie jemandem durch positives Zuhören helfen können (also ohne die Sache aufzubauschen), öffnen Sie sich für gute Energien, Lösungen oder ein Gefühl der Erleichterung.

✪ Es ist genug von allem da: Geben Sie großzügig und bleiben Sie im Fluss

Zögern Sie nie, reichlich zu geben: Seien Sie großzügig mit Ihrer Liebe, Ihren Ideen und freundlichen Gesten. Von sich selbst etwas geben – das ist das größte Geschenk. Es wird nie dazu kommen, dass Sie nichts mehr haben, und je mehr Sie geben, desto mehr können Sie hervorbringen. Im unsichtbaren Reich gibt es so viel von allem, dass Sie alles erschaffen können, was Sie sich vorzustellen vermögen; also seien Sie nicht knickrig, wenn es ans Geben geht.

Seien Sie aber auch großzügig zu sich selbst. Das bedeutet, dass Sie, wann immer es geht, *locker* bleiben: Ihren Zielen nicht hinterherjagen, nicht hektisch herumrennen, sich nicht bis zum Umfallen ins Zeug legen.

Wenn Sie bei dem, was Sie tun, die unnötige Abstrampelei weglassen, können Ihre Angelegenheiten wieder in Fluss kommen. Falls Sie sich wie verrückt Sorgen machen, dass von dem, was Sie wollen, nicht genug da sein wird, dass sich Ihre Wünsche nie erfüllen oder das Erreichte nicht gut genug sein wird, blockiert das Ihr Energiesystem und wird eventuell zu einer sich selbst erfüllenden Prophezeiung.

Das Universum jedenfalls bleibt auch ohne uns weiter im Fluss. Entscheidend ist, dass wir den Strom »anzapfen« und für ihn offen sind. Je klarer unsere Gedanken und Wünsche sind, desto leichter lässt er sich einspannen.

2
Was sind kosmische Bestellungen?

Was kosmische Bestellungen sind

Im Grunde handelt es sich bei den »kosmischen Bestellungen« um ein neues Modewort für etwas, was seit Jahren unter der Bezeichnung »positives Visualisieren« existiert. Trotzdem fragen die Leute mich regelmäßig: »Und was genau ist das?«

Einfach gesagt, bitten Sie bei einer kosmischen Bestellung um ein bisschen Hilfe von den »höheren Mächten«, damit Ihre Wünsche und Pläne wahr werden. Eine kosmische Bestellung erfordert ein Ziel, eine Überzeugung, den Wunsch, alte Muster zu beenden, und die Fähigkeit, Chancen zu erkennen und zu nutzen.

An wen Sie Ihre Bitte richten

Das Universum ist nicht auf einen speziellen Namen festgelegt. Ihm ist es egal, wie Sie es nennen oder wie Sie Ihre Bestellung aufgeben. Wichtig ist nur, dass Sie Ihre Wünsche und Hoffnungen vermitteln können und sich darauf konzentrieren, dass sie realisiert werden.

Was kosmische Bestellungen nicht sind

Das alles klingt wahrscheinlich wunderbar – dass Sie darum bitten können, im Lotto zu gewinnen, so reich zu werden wie Krösus und den Rest Ihres Lebens an einem Ort Ihrer Wahl zu verbringen; Privatjet und exklusive Superyacht lassen grüßen. Sie können sich den perfekten Liebhaber herbeiträumen, sich den Topjob heranzoomen und jemand werden, der in seinem Bereich ganz oben steht. Kosmische Bestellungen schließen das alles nicht aus, funktionieren aber am besten, wenn Sie sie nicht als Wunschzettel zum Aussteigen und Zustelldienst vom Versandhandel betrachten, sondern als effizientes Hilfsmittel zur Verwandlung Ihres Lebens.

Die bei kosmischen Bestellungen aktivierte Energie kann nicht dazu verwendet werden, anderen Menschen zu schaden oder das, was Sie sich wünschen, auf Kosten anderer zu bekommen. Sie ist im Wesentlichen ein positiver Einfluss, den Sie anzapfen können.

Kosmische Bestellungen sind auch kein Allheilmittel. Sie machen Sie zum Beispiel nicht auf wunderbare Weise gesund, wenn Sie schwer krank sind. Es gibt viele Geschichten über Patienten, deren Zustand sich durch »bloße Willenskraft« oder »positives Denken« gebessert hat – aber das ist ein Thema für ein eigenes Buch. Ich möchte hier jedenfalls nicht summarisch behaupten, kosmische Bestellungen könnten die Übel der Welt in Ordnung bringen. Vielmehr stellen sie eine Möglichkeit dar, sich auf die *Chancen* einzuschwingen, die für Sie *verfügbar* sind.

Schicksal und freier Wille

Die Debatte, ob das Schicksal oder der freie Wille unser Leben bestimmt, gleicht der, ob es die Gene oder die Umwelt tun – beides sind sehr komplexe Themen, die sich einer klaren Antwort verweigern.

Gibt unser Wille unserem Leben die Form vor, und ist er völlig frei? Oder hilft das Schicksal nach, das heißt, steht der Verlauf unseres Lebens ab dem ersten Atemzug fest? Ich glaube, Schicksal und freier Wille beeinflussen sich gegenseitig. Jeder von uns wird mit einem Satz Bauklötzchen geboren, der bei jedem anders zusammengesetzt ist. Was wir aus ihm machen, ist allein unsere Entscheidung. Andererseits ziehen wir manchmal auch Ereignisse und Menschen an, die wir am liebsten in die Rubrik »Schicksal« einsortieren würden.

Wo fängt das Schicksal an? Wenn die Chromosomen sich so aufreihen, dass wir zu bestimmten Eigenschaften und Charakteristika neigen? Manche spirituellen Ansichten gehen davon aus, dass wir uns vor unserer Geburt unsere Talente, Kindheitsbedingungen und Beziehungen aussuchen. Aber selbst dann könnte Spielraum bestehen, diese Erfahrungen durch Einsatz des freien Willens zu ändern.

Wie geben Sie eine kosmische Bestellung auf?

Eine einzig korrekte Methode dafür gibt es nicht. Aber egal, wie Sie mit dem Kosmos zu kommunizieren beschließen – es muss Ihren Überzeugungen entsprechen und sich für Sie richtig anfühlen. Sie können meditieren, Musik hören, Ihre Wünsche in ein geheimes Tagebuch schreiben oder wie ein Gebet laut aussprechen. Vielleicht gibt es eine spezielle Tageszeit oder einen besonderen Ort, der so still ist, dass Sie die Verbindung zum Kosmos spüren. Aber Sie müssen nicht im Schneidersitz verharren, Weihrauch verbrennen oder zu einem Yogi werden. Wenn Ihnen nach einer kosmischen Bestellung ist, während Sie Auto fahren oder einen Einkaufswagen durch den Supermarkt schieben – nur zu! Wichtig ist, dass sie von Herzen kommt. Sie können sich sogar vorstellen, dass Sie die kosmische Bestellung wie einen Brief oder eine E-Mail abschicken. (Diese Vorstellung kann auch bei unerwünschten Gedanken gute Dienste leisten, die Ihnen endlos im Kopf herumspuken – drücken Sie einfach den »Löschen«-Knopf!)

✪ *Kosmische Bestellungen in Premiumqualität*

Notorisch schwierig ist es, den richtigen Zeitpunkt zu erwischen – das Universum reagiert nicht unbedingt mit einer Lieferung am gleichen Tag. Aber Sie können Ihre Chancen erhöhen, wenn Sie Ihre kosmische Bestellung in

Premiumqualität aufgeben, das heißt in einer hochkonzentrierten Version der »Standardausführung«. Bei ihr schicken Sie Ihre Bestellung mit sehr viel mehr Intensität und Überzeugung ab. Statt träge zu denken: »Hm, wäre ja ganz nett, wenn das und das passieren würde«, knien Sie sich zu 110 Prozent in die ganze Sache hinein, mit Leib und Seele. Sie wünschen sich nicht nur etwas, Sie malen sich auch aus, wie es wäre, wenn Sie das »Objekt Ihrer Begierde« schon hätten. Sie sehen sich, wie Sie das Gewünschte jetzt, in diesem Augenblick, haben/sind/ tun. Merkwürdigerweise scheint das Universum zu wissen, ob Sie fest mit einer Erfüllung Ihres Wunsches rechnen oder insgeheim den schleichenden Verdacht hegen, es könnte doch nicht klappen, bzw. sich fragen, ob Sie das Gewünschte wirklich verdienen oder die ganze Sache grundsätzlich möglich ist.

Dann schreiben Sie Ihre Bestellungen vielleicht auf, denken aber bei jeder einzelnen im tiefsten Inneren: »Diese ganze Chose ist doch reichlich abstrus, oder? Ich frage mich, ob kosmische Bestellungen wirklich funktionieren.«

Mir wurde bewusst, dass auch nonverbale Hinweise eine Absicht zum Ausdruck bringen, als ich mich für einen Morgen an der Reitschule einschrieb, die zum Miraval Spa in Arizona gehört. Die meisten Teilnehmer meiner Gruppe hatten keine Vorerfahrungen, aber jedem von uns wurde ein Pferd zugeteilt, das wir striegeln und trainieren sollten. Als wir den Ausbilder beobachteten, der uns zeigte, was zu tun war, sah es ganz einfach aus; und sein Pferd tat alles, was er von ihm wollte.

Dann waren wir dran – es ging damit los, dass wir dem Pferd die Hufe säubern sollten. Ich bekam das dafür vorgesehene Werkzeug in die Hand gedrückt, und mein Pferd, das mich noch nie zuvor gesehen hatte, wurde so angebunden, dass ich seine Kruppe vor mir hatte. Wie konnte ich das Tier jetzt dazu bringen, seinen Fuß zu heben? Mir wurde klar, dass ich keine Ahnung hatte, wie ich es dazu veranlassen konnte, das zu tun, was ich von ihm wollte. Worte waren zwecklos. Ihm das Werkzeug zeigen, sein Bein berühren – beides blieb ohne Reaktion.

Als der Ausbilder herumging, sagte er uns, wir sollten einfach selbstsicher auf das Bein des Pferdes zugehen. Und aufhören uns zu fragen, ob das Pferd wohl mitmachen würde. Er trug uns auf, uns vorzustellen, dass das der Fall sein würde, und dieses Bild im Kopf zu behalten. Pferde schnappen alle nonverbalen Hinweise auf; sie beziehen ihre Anweisungen aus Ihrer Körpersprache und scheren sich einen feuchten Kehricht um Sie, wenn Sie schwanken und sich verhalten, als wüssten Sie nicht, was zu tun ist. Sobald ich mein Ziel fest vor Augen hatte, kam wie von Zauberhand geführt der Huf hoch, und ich konnte ihn säubern.

Aus diesem an sich unbedeutenden Vorfall habe ich gelernt, dass es darauf ankommt, welche Einstellung

Sie haben und wie Sie Ihre Absichten vermitteln. Ähnlich wie das Pferd reagiert auch das Universum auf klare Intentionen besser als auf ein »Vielleicht ...«. Einen echten Durchbruch auf dem Weg zur Wunscherfüllung erzielen Sie, wenn Sie *so tun, als ob* der Wunsch sich schon erfüllt hätte. Dann nehmen Sie nämlich körperlich, geistig und emotional die Haltung an, die der Erfüllung dieses Wunsches entspricht. Und da Energie Energie anzieht, nimmt die Wahrscheinlichkeit zu, dass diese kosmische Bestellung bei Ihnen ankommt. Sie können vom Kosmos einen Fünf-Sterne-Service erwarten, wenn Sie Fünf-Sterne-Bestellungen aufgeben, das heißt solche ohne irreführende Informationen, Zweifel oder mentales Durcheinander. Je mehr Einsatz Sie zeigen, desto einfacher ist es, Widerstände im Umfeld zu überwinden.

Sicher haben Sie auch schon oft jemanden sagen gehört: »Wissen Sie, ich hatte ja ein paar schöne Pläne, aber ...« Wenn Sie sich das Ergebnis nicht ständig vor Augen halten, zerrinnt Ihnen die Energie, die Sie für seine Erreichung aufwenden müssen, zwischen den Fingern, sie löst sich auf und verflüchtigt sich in den Kosmos.

✪ *Zu einem Magneten werden*

Diese Überschrift ist eigentlich nicht ganz richtig, denn *Sie sind schon ein Magnet.* Ohne dass es Ihnen bewusst ist, ziehen Sie bestimmte Dinge an – einfach dadurch, dass Sie sind, wer Sie sind, und durch die Art Ihrer

Gedanken, Vorstellungen, Gespräche und Handlungen. Das Universum schickt Ihnen immer nur Ihr eigenes Bild zurück; und deshalb ist viel von dem, was Ihnen widerfährt, ein Spiegel Ihrer Gefühle – Ihrer Sorgen und Ängste oder Ihrer Zuversicht und Lebensfreude. In einem großen Ausmaß ist also der Charakter Schicksal. Wir erzeugen ständig Schwingungen, die unterschiedliche Erfahrungen anziehen.

Es ist ziemlich einfach, zu denken, Sie wären für das, was Ihnen passiert, nicht verantwortlich. Klar, in manchen Fällen stimmt das. Aber in der Debatte »Freier Wille gegen Schicksal« stehen die Chancen dafür fünfzig zu fünfzig; und Sie müssen zumindest zugeben, dass Sie bei der Erschaffung Ihres Lebens ein Wörtchen mitreden. Manche Leute sehen sich in diesem Zusammenhang gern als Drehbuchautor, der beschließt, einen neuen Handlungsstrang, eine neue Person oder Liebesgeschichte zu erfinden. Wir können uns den Vorgang auch als superschnell zurückkommendes Karma vorstellen – wir tun etwas, und aus diesem Samen sprießt das Ergebnis.

✪ Negatives zurückweisen

Es ist wichtig, dass Sie das, was Sie wollen, immer wieder bildlich vor sich sehen, statt im Kopf Schlimmster-Fall-Szenarien abzuspulen. Wenn Sie sich ständig auf das fixieren, was und wen Sie *nicht* haben, gerät die Energie in eine Abwärtsspirale und hat nichts anderes zu tun, als Ihnen mehr vom Gleichen zurückzuschicken. *Sie müssen Ihre Erwartungshaltung auf »Empfang« einstellen.* Denken Sie stets daran: Sobald Sie sich Sorgen machen, sind Sie für das Universum noch in der Planungsphase – also hören Sie sofort damit auf!

Sie sollten auch lernen, wie Sie sich vor den negativen Schwingungen und dem »generellen Unrat« in der Welt *schützen* können. Es ist so leicht, von anderen aus dem Konzept gebracht zu werden, die Sie lächerlich machen oder insgeheim nicht wollen, dass Sie bekommen, was Sie sich wünschen. Warum wollen solche Zeitgenossen nicht, dass Sie weiterkommen? Weil sie dann ihre Position unterminiert sehen, und vielleicht haben sie ziemlich viel dafür investiert, dass das Leben für sie so bleibt, wie es ist. Wenn Sie dem richtigen Menschen begegnen oder erfüllter und glücklicher sind, meinen sie, Sie würden sie im Stich lassen. Nehmen Sie die Gefühle dieser Leute nicht persönlich. Das ist eigentlich schon ein ziemlich guter Schutz.

✪ *Wenn sich etwas richtig anfühlt*

Sobald wir den kleinen Signalen des Universums gegenüber aufmerksam sind, erkennen wir, wann uns ein bestätigendes »Ja!« zugewinkt wird. Eine Bekannte leiht uns das Buch, das uns weitere Informationen zu dem liefert, was wir tun wollen, oder wir lesen »zufälligerweise«

einen Artikel, der uns hilft, den nächsten Schritt zu tun. Wir haben ein gutes Gefühl angesichts unserer Entscheidungen und Wünsche, »im Kopf« genauso wie »im Bauch«.

● Aktives Warten

Bei kosmischen Bestellungen ist es auch gut, sich klarzumachen, dass es so etwas wie *aktives Warten* gibt. Das bedeutet, dass Sie mit jeder Faser Ihres Wesens unbedingt ein Ergebnis haben wollen, aber auch wissen, dass Sie die Zeichen und Strömungen, Zeitqualitäten und Umstände studieren müssen.

Das ist etwas anderes als bloßes Warten, bei dem Sie Ihren Willen und Ihre Macht abgeben und die Verantwortung für die Lieferung an den Kosmos abtreten. Beim aktiven Warten arbeiten Sie mit einer Intention, und da gelten die gleichen Gesetze wie beim Muskeltraining: Sie müssen zum Mentaltraining gehen und die Intention im Alltag üben, damit sie stärker wird.

Wenn das Universum nicht liefert

Was ist, wenn Sie Ihre kosmische Bestellung aufgegeben haben, das Universum die Lieferung aber nicht mit Zustellbescheinigung geschickt hat? Oder wenn Sie nicht da waren, als der Kurier wegen der Unterschrift klingelte, oder die Sendung auf dem Postweg verloren gegangen ist? Bedeutet dies, dass Sie sie nie bekommen werden? Dass Sie aufgeben sollten, weil das kosmische Bestellen nicht funktioniert? Möglicherweise fragen Sie sich dann, ob es überhaupt sein soll, ob es für Sie das Richtige oder irgendetwas Unheilvolles am Werk ist. Tief innerlich haben Sie dann vielleicht das Gefühl, Sie würden das Bestellte nicht verdienen oder nicht bereit dafür sein. In Kapitel 6 beschreibe ich, wie Sie die Blockaden beseitigen können, die eine Auslieferung Ihrer Bestellung vielleicht verhindern.

Haben wir ein Recht auf unsere Lieferung?

Das Problem bei kosmischen Bestellungen ist die – falsche! – Annahme, wir wären dazu berechtigt, alles zu bekommen, und zwar so, wie wir uns das wünschen. Es kann auch sein, dass wir uns auf unseren Wunsch *fixieren* und ganz *besessen* von ihm sind. Wir können nicht mehr aufhören, an ihn zu denken; die Vorstellung, mit einem bestimmten Menschen zusammen zu sein oder zu bekommen, was wir wollen, zieht uns zwanghaft an. Wir kleben so an diesem Wunsch, dass wir in Wirklichkeit den Energiefluss blockieren und nicht mehr locker sein können. Diese Anspannung verkehrt das kosmische Bestellen in sein Gegenteil. Wir verlangen, dass der Kosmos liefert und unser Ego zufrieden stellt, als hätten wir das

Recht, alles zu haben, was wir wollen. Aber so funktioniert das nicht.

Manchmal haben wir einen Wunsch, aber für seine Erfüllung ist es einfach nicht der richtige Zeitpunkt. Zuweilen müssen Sie den zeitlichen Rahmen *loslassen* und dem Universum gestatten, in seinem eigenen Tempo zu liefern. Vielleicht haben Sie auch um etwas gebeten und nicht gemerkt, dass das Universum die Bestellung registriert hat und versucht, sie Ihnen zukommen zu lassen. Sie aber erkennen sie nicht, weil die Person/der Job/das Haus nicht so aussieht, wie Sie es erwartet hatten. In diesem Fall sollten Sie vielleicht Ihre Detailangaben überdenken. Vielleicht ist es an der Zeit, alte Beziehungsmuster hinter sich zu lassen und sich für das Zusammensein mit einer anderen Art Mensch zu öffnen. Entsprechendes gilt für einen Berufs- oder Wohnortwechsel.

Eine ganze Menge ließe sich darüber sagen, dass Sie einfach *locker bleiben* und darauf *vertrauen* sollten, dass das Universum sein Bestes tun wird, um Ihre kosmische Bestellung auszuführen – im Rahmen seiner Bestände, der Lieferbarkeit und der absoluten »Rechtmäßigkeit« Ihrer Bestellung, das heißt, ob sie in den Gesamtzusammenhang hineinpasst oder nicht. Wenn Sie Ihre Suchkriterien dahin gehend modifizieren, dass Sie sich stärker auf die Qualität Ihrer Wünsche als auf ihre materielle Substanz konzentrieren, ist das eine gute Methode, den kosmischen Bestellservice für Sie in Gang zu bringen. Wenn Sie sich eher auf den Wunsch nach Glück und

Seelenstärke als auf den Erhalt eines roten Maserati konzentrieren, ist das eine Bestellung, die das Universum auf alle möglichen Weisen ausführen kann.

Falls Sie sehr wählerisch oder bei den Details zu penibel sind, schließen Sie zwangsläufig viele Möglichkeiten von vornherein aus, die mindestens genauso gut sind. Ich wage sogar, zu behaupten, dass wir vielleicht gar nicht immer so ganz genau wissen, was gut oder richtig für uns ist. Wichtig ist, dass Sie eine magnetische Energie oder Anziehungskraft erzeugen und auf solche Situationen oder Menschen richten können, die Ihr Leben auf irgendeine Weise verbessern.

Sie brauchen den Vorgang nicht zu dirigieren

Es ist nicht so einfach, wie es klingt, Vertrauen und eine positive Einstellung zu entwickeln, denn wir leben in einer Welt, in der das Bedürfnis, alles im Griff zu haben, das A und O zu sein scheint. Man könnte sogar sagen, dass auch das Abschicken einer kosmischen Bestellung der Versuch ist, eine gewisse Kontrolle zu behalten. Aber es gibt immer den geheimnisvollen Faktor X – wir können nicht alles in unserem Leben steuern. Ein geheimnisvoller Prozess macht uns mit manchen Erfahrungen bekannt, mit anderen nicht. Das ist die Wechselwirkung zwischen Schicksal und freiem Willen – mehr dazu später. Wir können jedoch annehmen, dass das Universum irgendeine Art von Intelligenz besitzt, dass das, was uns begegnet, einen Sinn hat und wir kein völlig willkürliches Dasein fristen, in dem das Chaos und zusammenhanglose Ereignisse sich aneinanderreihen.

Wir könnten zum Beispiel viel Zeit mit der Frage verbringen, wie wir es anstellen sollen, mit X zusammen zu sein, obwohl X schon anderweitig gebunden ist. Oder wie wir auf die Fidschis kommen können, obwohl all unsere Mittel schon fest verplant sind. Je verkniffener wir uns in den Versuch hineinsteigern, alles unter einen Hut zu bekommen und um jeden Preis eine Lösung zu finden, desto zähflüssiger wird die Energie. Wir müssen in der Lage sein, in den Strom der Ereignisse zurückzufallen, lockerzulassen, halblang zu machen und zuzulassen, dass das Universum in seiner Weisheit die Last von uns nimmt.

Wir brauchen nicht alle Probleme zu lösen oder uns mordsmäßig anzustrengen, damit alles so funktioniert, wie wir wollen. Wir brauchen nicht mit dem Kopf gegen die Wand zu rennen. Wir können uns eine eher buddhistische Einstellung zulegen und unsere gegenwärtige Situation gelassen akzeptieren, dabei aber das Beste erhoffen und positiv denken. Wir brauchen uns das, was wir uns wünschen, nicht in fliegendem Ritt zu schnappen. Oder ständig die Konkurrenz zurückzuschlagen oder zu kämpfen bis zum Umfallen. Wenn wir uns dem großen Strom des Universums anschließen können, ändert sich unsere gesamte Energie. Wir müssen unsere Aufmerksamkeit dann nur noch darauf konzentrieren, ein positives Ergebnis zu erwarten, und aufhören, uns so in die Sache hineinzusteigern und mit Details zu befrachten, dass wir in eine Negativspirale geraten. Manchmal lassen wir uns von den Gegebenheiten eines Problems derart zupacken, dass seine Lösung tatsächlich unmöglich wird. Wir können es nur knacken, wenn wir die Art von Bewusstsein entwickeln, die uns über die schwierige Situation hinausführt. Dann wachsen wir aus dem Problem heraus; es ist keine große Sache mehr.

Wach und aufmerksam sein

Wach und aufmerksam zu sein ist ein entscheidendes Element erfolgreicher kosmischer Bestellungen. Wenn Sie wie im Tran herumwanken und nicht so richtig mitbekommen, was in Ihrem Leben los ist, wer da ist und worum es bei dem Ganzen geht, hat das Universum – wen überrascht's? – es schwer, zu Ihnen durchzukommen. Also nicht schlafen, wenn der Zusteller klingelt! Schon gar nicht so fest, dass Sie noch nicht einmal registrieren, was Ihre nächtlichen Träume Ihnen zu sagen haben!

Es ist nicht so, dass etwas, was tief in unserem Leben verwurzelt ist, durch einen positiven Gedanken ausgehebelt wird. Wir müssen uns ansehen, wo wir stehen, in welche Kalamitäten wir uns manövriert haben, und einsehen, dass erfolgreiche kosmische Bestellungen

möglicherweise von uns verlangen, unsere Lebensein-
stellung zu ändern. Mit anderen Worten: Es kommt
nicht nur auf den Kosmos an. Wir müssen persönlich
engagiert, wach und bereit sein.

In den nächsten drei Kapiteln konzentriere ich mich
auf kosmische Bestellungen für Liebe und Beziehungen.
Genauso wie kosmische Bestellungen ist auch die Liebe
schwer zu erklären oder zu beweisen. Manchen von uns
kommt es sogar so vor, als wäre sie das, was im Leben
am schwersten zu finden ist ... aber auch das wird sich
ändern.

3
Der Anziehungsfaktor

Kosmische Bestellungen für die Liebe

✪ *Wen ziehen Sie an – und warum?*

Was zieht zwei Menschen zueinander hin? Das Schicksal oder die Pheromone? Eine Entscheidung? Liebe auf den ersten Blick? Ein Zwang oder eine unbewusste Anziehungskraft? Ist es überhaupt möglich, jemanden in Ihr Leben zu holen, indem Sie einfach eine kosmische Bestellung aufgeben? Oder eine Beziehung dadurch zu verbessern, dass Sie Ihre Wünsche ins Universum hinaussenden?

Das Gesetz der Anziehung ist nur dann ein Geheimnis, wenn wir nicht hinterfragen, wie es wohl funktionieren könnte. Wenn wir uns klarmachen, warum bestimmte Menschen in unser Leben treten – oder vielleicht auch nicht –, müssen wir verstehen, was unter der Oberfläche passiert. Wir müssen herausfinden, was wir magnetisch anziehen und was an uns bestimmte Menschen anzieht oder abstößt.

Der erste Schritt ist, sich zu fragen:
- Was senden Sie aus?
- Was bekommen Sie zurück?
- Und was haben diese beiden Punkte gemeinsam?
- Ziehen Sie immer wieder dieselbe Art Mensch an?
- Welche geheimen Ziele verfolgen Sie?

✪ Partner(in) gesucht

Es sagt sich leicht: »Ich würde gerne jemanden kennenlernen.« Aber was für ein Jemand soll das sein? Was meinen Sie wirklich? Die Partnerschaftsgesuche im Internet und in den Zeitungen sind voll von Leuten, die anscheinend dasselbe wollen: einen Menschen mit Humor – scheint ein Muss zu sein –, der körperlich fit, finanziell zahlungskräftig und alleinstehend ist. Aber warum finden so viele von uns die Suche schwierig, wenn es wirklich so einfach wäre und wir uns so leicht zufrieden stellen ließen? Kratzen Sie ein bisschen am Überzug Ihres Allerweltsgesuchs, und Sie entdecken eine ganz andere Agenda.

- Wünschen Sie sich völlige Einheit, Offenheit, Nähe, Akzeptanz, Unterstützung und Seelenverbundenheit, das alles in leuchtendem Technicolor, mit blitzenden Lichtern und aufregendem Sex?
- Sind Sie süchtig nach Sehnsucht? Nach dem wunderbaren Zukünftigen oder der abhanden gekommenen Ex?

Je mehr Sie Ihre Energie von Träumen an die Zukunft oder Erinnerungen an die Vergangenheit absaugen lassen, desto weniger haben Sie für das Hier und Jetzt zur Verfügung. Auch die Sucht nach der Sehnsucht kann schwer abzustellen sein. Wir genießen das Gefühl, unsere ideale Beziehung fände in der Zukunft statt, Herr oder Frau Richtig würden irgendwann später unseren Weg kreuzen; bis es so weit sei, bräuchten wir uns nicht mit einer realen Beziehung herumzuschlagen.

- Fühlen Sie sich im Stich gelassen, weil Sie immer wieder enttäuscht wurden?
- Bekommen Sie nie das Zeichen zum Abheben?
- Sind Sie schon lange in einer Beziehung, die ihr Versprechen bislang nicht gehalten hat?
- Oder haben Sie immer wieder »Nieten« gezogen: Menschen mit unterschiedlichen Namen und Gesichtern, die vorgaben, einzigartige Individuen zu sein, sich letztlich aber als Repräsentanten ein und desselben, für Ihr Leben charakteristischen Themas herausstellten?

Das Erstaunliche ist, dass die Ähnlichkeit dieser »Nieten« in Wirklichkeit nichts mit den Kandidaten selbst zu tun hat, sondern mit Ihnen! Etwas an Ihnen zieht diese Art Mensch an. Und wie es so schön heißt: Wenn etwas einmal passiert, ist es Zufall, bei zwei Malen ein Zusammentreffen von Umständen, bei drei Malen ist der Feind am Werk! Was bedeutet, dass in Ihrem Unbewussten etwas abläuft, was dieses Muster, diese Art Mensch immer wieder einlädt, ob Ihnen das nun klar ist oder nicht.

Ihre Beziehungsmuster

Hat jemand Sie am Haken? Kann sein, dass es Ihnen gar nicht bewusst ist. Aber auf einer bestimmten Ebene, im tiefsten Inneren, wissen Sie genau, was abläuft. Es hört sich etwa so an: »Hey, da ist es ja wieder, es ist total verlockend und anziehend, ich erkenne es, es ist mir vertraut, damit kann ich umgehen.«

Wenn beispielsweise die Bindung an unsere Eltern auf wackligen Beinen stand, neigen wir erstaunlicherweise im späteren Leben dazu, dieses Beziehungsmuster mit einem anderen Menschen zu wiederholen – es fühlt sich einfach so vertraut an. Unser Anziehungsfaktor lautet dann ungefähr so: »Ah ja, bei diesem Menschen fühle ich mich unsicher, ich kenne dieses Gefühl aus meiner Kindheit, diese Abwesenheit positiver Liebe fühlt sich vertraut an, das will ich haben.« Schwarz auf weiß, hingeschrieben auf Papier, sieht diese Aussage natürlich ziemlich hirnrissig aus. Und natürlich werden Sie sich selbst und Ihren Freunden erzählen, dass Sie wirklich nach Liebe suchen, aber unter der Oberfläche fühlen Sie sich von dem Mangel an Liebe angezogen, den Sie früher erlebt haben.

Womit wir beim Zwang wären. Wir fühlen uns sofort angezogen, die Macht der Gefühle ist gewaltig, aber ihr

Ergebnis ist nicht unbedingt eine positive Beziehung. Zu den Symptomen des Zwangs gehört, dass Sie keine *Wahlfreiheit* mehr zu haben scheinen. Schon dass Sie auf einen bestimmten »Typ« stehen, legt nahe, dass eine Art Sucht oder ein Muster am Werk ist, welches verhindert, dass Sie eine echte Wahl haben.

Wenn Sie nicht weiter an irgendwelchen Haken zappeln möchten, müssen Sie sich vom Gewohnten verabschieden und überlegen, was Sie wirklich wollen und brauchen. Sie müssen erkennen, »wie der Hase läuft«. Geben Sie sich Raum, die Anziehung zu prüfen, bevor Sie sich entscheiden. Woraus besteht sie? Einem Bündel Verlangen? Oder einem alten Energiemuster mit einer Tünche aus Verlangen und Zwang? Die sofortige körperliche Reaktion könnte eine gute Information sein, die Ihnen sagt, dass jemand für Sie infrage kommt – oder ein Haken ist, der sich auf Ihre Biochemie genauso verheerend auswirkt wie eine Sucht. Entscheidend ist, dass Sie eingrenzen, aber gleichzeitig offen bleiben.

Verflixte Botschaften!

Wir müssen uns die Wirkung klarmachen, die unsere Eltern auf uns hatten. Jung und Freud sahen den Ursprung unserer Neurosen in dem, was wir in der frühen Kindheit erlebt haben. Ob wir diese Entwicklungsstufe als »normal«, »ideal« oder »schwierig« empfinden, sagt viel über das einflussreiche Bild aus, das wir uns von unseren Eltern gemacht haben und immer noch in unserer Psyche mit uns herumtragen.

Selbst wenn unsere Eltern schon lange tot sind oder wir uns ihnen nicht nahe fühlen, halten wir an ihren Botschaften fest. Die Rolle, die sie bei der Entstehung unserer Liebesmythen und -botschaften und für unsere »Beziehungslandkarte« spielen, ist riesig. Denn in der Familie lernen wir zum ersten Mal etwas über menschliche Beziehungen.

Alle Botschaften über die Liebe, mit denen wir in unserer Kindheit gefüttert wurden oder die wir aufgeschnappt haben, bilden unseren *persönlichen Anziehungsfaktor.* Wir können in seiner Gewalt bleiben und damit vollkommen glücklich sein, aber wenn wir ihn ändern wollen, können wir auch das – er braucht uns nicht zu beherrschen. Dazu müssen wir uns zunächst bewusst machen, wie er aussieht, und herausfinden, wer »da drinnen« sitzt und uns sagt, was wir denken, tun und wünschen sollen. Wir müssen wissen, von welchem Elternteil die Botschaften stammen, die für unsere gegenwärtige Beziehung oder die Suche nach einer neuen die Vorlage geliefert haben.

Die Ähnlichkeiten, Leitmotive und Muster, die Sie in jeder Partnerschaft wiederfinden, haben mit der Beziehung an sich nichts zu tun – sondern nur mit Ihnen: mit Ihren Entscheidungen, Ihrem individuellen Magnetismus, Ihrem unbewussten Vorbild und Ihrem Verhalten.

Abhaken bitte!

Beantworten Sie die folgenden Fragen aus Ihrer Sicht, das heißt anhand des Eindrucks, den Sie von der Beziehung Ihrer Eltern haben. *Nur Ihr Eindruck zählt.* Es ist egal, ob Ihr Bruder oder Ihre Schwester der gleichen Meinung wären oder Sie nicht genau wissen, was Ihre Mutter über sich selbst sagen würde. Die Übung macht Ihnen deutlich, wie Sie Ihre Eltern wahrnehmen, welche Botschaft sie an Sie weitergegeben haben und wie ihre Beziehung Sie geformt hat:

- Welche Botschaft hat Ihre Mutter Ihnen über die Liebe gegeben?
- Welche Botschaft hat Ihr Vater Ihnen über die Liebe gegeben?
- Haben die beiden sich so verhalten, wie es ihrer Zeit entsprach?
- Sind sie aus der vorgegebenen Form ausgebrochen?
- Sind sie ihrem Herzen gefolgt?
- Haben sie das »Richtige« getan?
- Mit welchen Worten würden Sie ihre Beziehung beschreiben?
- Ist Ihre Mutter als Person in der Beziehung gewachsen?
- Ist Ihr Vater als Person in der Beziehung gewachsen?
- War Ihre Mutter in der Beziehung enttäuscht? Wenn ja, warum?
- War Ihr Vater in der Beziehung enttäuscht? Wenn ja, warum?

- Haben Ihre Eltern schwierige Zeiten überlebt? Wenn ja, wie?
- Was hat jeder von ihnen über die Liebe gedacht?
- Was hat jeder von ihnen über die Ehe gedacht?
- Was hat jeder von ihnen über Sex gedacht?
- Spiegeln Eigenschaften, die Sie bei einem Partner anziehen oder suchen, Eigenschaften Ihrer Mutter oder Ihres Vaters? (Seien Sie hier ehrlich – manchmal fühlen wir uns zu Eigenschaften hingezogen, die wir nicht unbedingt mögen, die aber etwas wiederholen, was wir schon erlebt haben.)
- Was haben Ihre Eltern für Sie erhofft? Was haben sie sich für Sie gewünscht?
- *Und jetzt die brisante Frage: Stimmen Sie ihren Botschaften zu? Denken Sie darüber nach, ob Sie sie ausleben oder eine innere Stimme potenzielle Partner immer noch nach den Werten Ihrer Eltern beurteilt. Oder ob Ihre Art, Beziehungen zu leben, die Beziehung Ihrer Eltern spiegelt.*

Auswertung
Lassen Sie diese Informationen auf sich wirken. Vermitteln sie Ihnen irgendeine Einsicht in das, was Sie antreibt? Oder in die Komponenten Ihres Anziehungsfaktors?

Sehen wir uns nun Ihren Beitrag zu der »Mixtur« an.

Welchen »Liebesstil« haben Sie?

– Wie gehen Sie auf Menschen zu?
– In Liebesbeziehungen: Sind Sie bestimmend, nachgiebig, einfühlsam, logisch, praktisch, dynamisch?
– In beruflichen Beziehungen: Sind Sie bestimmend, nachgiebig, einfühlsam, logisch, praktisch, dynamisch?
– Was würden Sie vorziehen, wenn Sie sich entscheiden müssten: Leidenschaft oder Freundschaft?
– Sind Sie lieber unabhängig oder lieber abhängig?

Auswertung
Stellen Sie sich vor, Sie sehen sich von außen, oder bitten Sie eine(n) Freund(in), Ihnen zu erläutern, wie sie bzw. er Sie wahrnimmt, indem er/sie diese Fragen für Sie beantwortet.

Wenn Sie jemanden suchen

✪ *Was für eine Art von Partner?*

– Wie sieht Ihre Wunschliste aus? Was ist Ihr Ideal?
– Was muss unbedingt sein?
– Für was sind Sie offen?
– Welche Art von Beziehung suchen Sie: Ehe, Partnerschaft, Freundschaft?

- Legen Sie die äußeren Merkmale fest, die Sie bei einem zukünftigen Partner suchen:
  - Alter, Aussehen, Beruf, Einkommen, Wohnort,
  - seine Eigenschaften,
  - seine Interessen,
  - seine Vorlieben und Abneigungen,
  - seine Beziehungsgeschichte.
- Schreiben Sie dann Ihre eigenen äußeren Merkmale auf, so als würden Sie sich zur Partnervermittlung anmelden:
  - Ihre Eigenschaften,
  - Ihre Interessen,
  - Ihre Vorlieben und Abneigungen,
  - Ihre Beziehungsgeschichte.

✪ *Die substanzielleren Themen*

- Was lieben Sie im Leben?
- Was zieht Sie an? Listen Sie Orte, Gegenstände, Menschentypen, Ideen, Schwingungen auf.
- Fühlen Sie sich zu schwierigen Menschen hingezogen?
- Fühlen Sie sich zu Menschen hingezogen, die als emotional gefährlich für Sie betrachtet werden könnten?
- Was wird dieser Partner Ihrer Meinung nach für Sie tun? Welche Gefühle wird er bei Ihnen auslösen? Welchen Einfluss wird er auf Ihr Leben haben?

✪ Wenn Sie schon in einer Beziehung sind

– Wie fühlen Sie sich in der Gesellschaft dieses Menschen?
– Haben Sie das Gefühl, anderen Menschen eine bessere Version von sich zu zeigen als Ihrem Partner? Wenn ja, in welcher Hinsicht?
– Was würden Sie an Ihrem Partner ändern?
– Was würden Sie an sich selbst ändern?
– Was wollen Sie von Ihrem Partner?
– Was gibt er Ihnen?
– Was gibt er Ihnen nicht?
– Warum wollen Sie, dass dieser Mensch Teil Ihres Lebens ist?
– Was halten Sie für das Hauptproblem bzw. das zentrale Thema in der Beziehung?
– Welche Bestellung oder welchen Wunsch würden Sie für die Beziehung beim Kosmos in Auftrag geben?

✪ Ihre Beziehungsgeschichte

Erstellen Sie eine Liste mit Ihren wichtigen Beziehungen. Damit soll nicht festgelegt werden, wie lange sie im Einzelnen gedauert haben; vielmehr soll deutlich werden, welche Wirkung sie auf Sie hatten.

Schreiben Sie auf, wie jede Beziehung angefangen hat, welche Gefühle sie in Ihnen ausgelöst hat – und wenn dieses Gefühl sich verändert hat, warum das so war.

Notieren Sie, was Sie von jeder Beziehung erwartet haben, wie sie endete und was Sie in puncto Lektionen und Lebenserfahrung aus ihr mitgenommen haben. Geben Sie auch an, ob Sie das Gefühl haben, mit diesem Menschen noch nicht fertig zu sein. Wenn ja, gehen Sie bitte zum Abschnitt »Ehemalige Beziehungen loslassen« (siehe Seite 142 ff.).

Sich festlegen oder dem Strom folgen? Der Widerspruch als Mysterium des Lebens

Bei der Suche nach einer neuen Beziehung hilft es, wenn Sie den Menschen, der Teil Ihres Lebens werden soll, ganz klar vor Augen haben (allerdings ohne sich darauf zu fixieren). Dazu könnten Sie natürlich eine Wunschliste schreiben; zum Beispiel eins achtzig groß, Waschbrettbauch, Aussehen wie Brad Pitt, Alter dreißig bis fünfunddreißig, reich, ungebunden, erfolgreich etc. Und manchmal ist es richtig, so konkret zu sein.

Doch denken Sie auch an den Witz vom Ehemann und seiner Frau, beide sechzig, denen die gute Fee sagt, sie hätten jeder einen Wunsch frei. Die Frau bittet darum, mit ihrem lieben Mann auf eine Kreuzfahrt um die Welt geschickt zu werden, und es wird ihr gewährt. Dann ist der Mann dran. Er bittet um eine Frau, die dreißig Jahre jünger ist als er. Die gute Fee schwenkt ihren Zauberstab, und schwuppdiwupp sitzt der Mann, nun neunzig, an

Deck eines Kreuzfahrtschiffes, und neben sich hat er seine sechzigjährige Frau!

Es ist gut, präzise zu sein, schon allein um Widerstände oder Chaos im eigenen Kopf zu beseitigen. Zuweilen hilft es, sich vorzustellen, wie Sie eine kosmische Bestellung genau so ausleben, wie Sie sie abgeschickt haben. Sie sehen, wie sie Wirklichkeit wird, und erkennen dann nämlich manchmal auch sofort, dass Ihr »perfekter« Plan Schönheitsfehler hat, dass Sie eigentlich gar nicht mit dem Menschen zusammen sein wollen, den Sie sich so ideal vorgestellt haben, oder dass andere Probleme auftauchen. Seien Sie also vorsichtig mit dem, was Sie sich wünschen. Sie müssen sicher sein, dass Sie bereit, willens und fähig sind, mit dem Ergebnis eines wahr gewordenen Traums zu leben.

Internet- und Speed-Dating

Partnervermittlungsagenturen oder Kontaktbörsen im Internet tendieren dazu, sich eher auf die sichtbare als auf die unsichtbare Welt zu konzentrieren. Das bedeutet, dass Ihre wichtigsten Muster, Ihre »Haken« und Ihre geheimen Ziele unbemerkt bleiben – bis sie bei einer persönlichen Begegnung zum Vorschein kommen. Vor allem das Internet-Dating spielt mit einer virtuellen Realität. Es kann Menschen auf eine Ware reduzieren, als wären sie Bücher oder CDs, und verfrachtet Ihre Psyche und Ihre Energie automatisch auf eine andere Ebene des Kennenlernens. Wenn Sie jemanden aus dem Internet downloaden und ihn in Ihren Einkaufswagen klicken, können Sie seine Energie nicht so mitbekommen, als würden Sie ihn im realen Leben sehen.

In manchen Fällen treffen sich die Leute dann persönlich, sind mit Ihrem Internet-Date sehr glücklich und heiraten einander. Das Web kann Sie auch in die Gänge bringen, wenn Sie eher ein rezeptiver als ein dynamischer Typ sind und Anlaufschwierigkeiten haben. Aber es lohnt sich, zu erkennen, dass das Internet aufgrund seiner Beschaffenheit eine andere Schwingungsenergie erzeugt, die unserem hochsensiblen intuitiven Radar in die Quere kommen kann.

Beim so genannten Speed-Dating haben Sie zumindest die Möglichkeit, den anderen zu sehen und zu merken, ob Ihre Energien zueinander passen. Man könnte argumentieren, dass Menschen auch im realen Leben dazu neigen, ihr wahres Wesen in den ersten fünf Minuten zu offenbaren. Es heißt zum Beispiel, dass bei Vorstellungsgesprächen oder Hauskäufen die zentrale Entscheidung in den ersten fünf Minuten fällt, auch wenn Sie anschließend vielleicht noch eine halbe Stunde über die Aufstiegschancen des Jobs oder die Wasserleitungen im Haus diskutieren.

Das Speed-Dating hat also etwas für sich. Vielleicht ist alles, was wir über jemanden wissen müssen, in den fünf Minuten präsent, die wir mit ihm zusammen sind, bevor er an den nächsten Tisch weitergeht. Mag sein, dass uns in diesen fünf Minuten intensiver bewusst ist, was er sagt, wie er klingt und wie wir uns in seiner Gegenwart fühlen, als wenn wir stundenlang mit ihm zusammen wären. Beim Speed-Dating arbeitet Ihre Energie mit höchster Präzision, und Sie hören besonders gut zu. *Aber auch außerhalb von Speed-Datings sollten Sie jeden, dem Sie begegnen, so betrachten, als würden Sie ihn in diesem Rahmen kennenlernen.* Denn wenn Sie alle Antennen ausgefahren haben, erkennen Sie, dass jeder Mensch sehr viel von sich offenbart, ohne dass es ihm klar ist. Worüber redet er? Was vermittelt seine Körpersprache? Und welches Gefühl löst er in Ihnen aus?

4
Welcher Typ sind Sie?

Beziehungsvarianten – Was wir anziehen

Wir können kosmische Bestellungen dafür einsetzen, dass eine bestimmte Art Mensch in unser Leben tritt. Oder um aus einem Beziehungsmuster auszubrechen. Per Resonanzgesetz können wir die Menschen anziehen, die unser inneres Selbst spiegeln. Nach außen hin sagen wir vielleicht, wir würden X suchen, aber wir bekommen immer wieder Y, und dann verstehen wir nicht, warum wir schon wieder mit einem Bindungsphobiker oder einem Kontrollfreak zusammen sind.

Wieso passiert das? Zu Anfang stürmen die verfügbaren, sichtbaren Informationen über einen Menschen auf uns ein, und das macht es schwer, das psychische Muster zu erkennen, das wir magnetisch anziehen. Aber wenn wir anfangen, uns mit unserem Muster zu beschäftigen, wenn wir es identifizieren und erkennen, woher es kommt und was es mit ihm auf sich hat, können wir entscheiden, bis wohin wir ihm folgen wollen.

Vergessen Sie nicht: Das Muster geht von uns aus. Wir tun etwas, was diese Art Mensch anzieht: Wir senden eine bestimmte Botschaft aus oder glauben im tiefsten Inneren etwas über uns selbst, was wie eine Rakete in den Kosmos hinausschießt. *Wir senden ständig kosmische Bestellungen ab, ohne es zu merken.* Der Trick besteht darin, sie zu erkennen.

Wir wissen ziemlich sicher, wann jemand »nicht unser Typ« ist, nämlich wenn er nicht »unsere Knöpfe drückt«. Und ebendiese »psychischen Knöpfe« müssen wir untersuchen. Unsere Persönlichkeitstypen und unsere Muster funktionieren wie Magneten: Manchmal ziehen sie ironischerweise genau das Gegenteil von dem an, was wir uns bewusst wünschen. Das ergibt dann die Paare, die so verschieden sind wie Tag und Nacht, aber trotzdem gut miteinander klarkommen, oder die Geber-Nehmer- bzw. Elternteil-Kind-Paare, deren Rollen passgenau ineinandergreifen – jeder zieht den anderen herunter und braucht ihn dennoch. Der Bindungsfanatiker und der Freigeist streben in unterschiedliche Richtungen und erzeugen eine gegenseitige magnetische Anziehung.

In diesem Kapitel beschäftige ich mich mit einigen der Beziehungsvarianten, die uns in einem bestimmten vertrauten Muster festhalten. Es ist völlig in Ordnung, dieses Muster auszuleben, wenn Sie mit ihm glücklich sind. Aber wenn Sie sich und Ihre Beziehung in einem dieser Szenarien wiedererkennen und aus dem Hamsterrad ausbrechen wollen, müssen Sie etwas unternehmen. Bewusstheit gibt kosmischen Bestellungen einen ganz anderen Schwung. Sobald Sie wirklich verstanden haben, was im Hinblick auf Ihre Muster in Ihrem Inneren abläuft, und wissen, was Sie tatsächlich wollen, erhält Ihre kosmische Bestellung sehr viel mehr Nachdruck.

Geber und Nehmer

✪ *Der Geber*

Der Geber ist derjenige, der dem anderen ständig alles recht macht. Wenn Sie in letzter Sekunde alles stehen und liegen lassen, damit der Partner seine Pläne durchziehen kann, gehören Sie in diese Kategorie.

Geber sind immer zur rechten Zeit am rechten Ort. Sie gehen automatisch davon aus, dass es ihre Aufgabe ist, im Badezimmer die Handtücher aufzuheben, die Betten zu machen und mit frischem Brot für den nächsten Tag nach Hause zu kommen. Geber denken immer an Geburtstage, kaufen Geschenke, schreiben Dankeskarten und bemühen sich ganz allgemein, zu gefallen. Sie stellen andere gern zufrieden. Aber sie sind nicht völlig selbstlos, denn sie bekommen ihren Kick halt dadurch, dass sie anderen etwas geben. In extremen Fällen fühlen sie sich als Märtyrer, was ihnen einen krankhaften Wohlfühlfaktor verschafft. Sie müssen einfach der »gute Mensch« sein. Eine gleichwertige Partnerschaft mit einem zwanghaften Geber ist schwierig, weil man sich immer in dessen Schuld fühlt. Manchmal spielt in das Geben insgeheim auch das Bedürfnis nach Kontrolle hinein.

Die vermeintlichen Vorteile: Es ist herrlich, in einer Beziehung der »Gute« zu sein. Geber scheinen die ganze Moral für sich gepachtet zu haben, und so wirken die Fehler des Partners größer als die eigenen.

Das zugrunde liegende Muster: Geber sind im Allgemeinen in Familien aufgewachsen, in denen ihre eigenen Bedürfnisse nicht befriedigt wurden. Deshalb haben sie den Wunsch, die Bedürfnisse anderer zu befriedigen, um so das Muster zu beenden. Obwohl der Geber sich zur Belohnung wie ein Heiliger fühlen kann, bleibt er häufig auf dem vertrauten Gefühl sitzen, dass seine eigenen Belange nicht berücksichtigt werden. Womit das Muster sich bestätigt hat. Wegen ihres Bedürfnisses, gebraucht zu werden, neigen Geber dazu, Nehmer anzuziehen.

So erkennen Sie einen Geber
- Der typische Geber bietet sich immer an, ankommende Anrufe entgegenzunehmen.
- Er meidet Konflikte,
- kann gut zuhören,
- lässt den anderen den Vortritt.
- lässt den Partner entscheiden und
- versucht, ihm das Leben leicht und angenehm zu machen.

✪ Der Nehmer

Nehmer haben das starke Gefühl, zu allem Möglichen berechtigt zu sein. In ihrem tiefsten Inneren glauben sie, dass die Welt und jeder, der sich auf ihr bewegt, ihnen etwas schuldet. Für Nehmer ist es völlig in Ordnung, wenn andere hinter ihnen herräumen, sie im Bett liegen, während der andere den Kaffee kocht, und sie den ganzen Warmwasserboiler leer duschen. Sie halten es nicht für nötig, daran zu denken, dass sie eine Nachricht weiterleiten sollten. Schlimmstenfalls interessieren sie sich so wenig für den anderen, dass sie ihn noch nicht einmal fragen, wie es ihm geht.

Unterhaltungen mit Nehmern drehen sich um sie selbst, und sie neigen dazu, mit ihren Meinungen und Stimmungen das Klima im Raum zu beherrschen. Alle anderen existieren nur als Statisten für ihre Starrolle. Ihnen kommt nie in den Sinn, dass ihre Mitmenschen müde, gelangweilt oder hungrig sein könnten oder über etwas anderes reden wollen, denn Nehmer betrachten ihre Zeitgenossen lediglich als Satelliten, die um ihre alles verschlingende Welt kreisen.

Die vermeintlichen Vorteile: Sie liegen auf der Hand. Die Bedürfnisse des Nehmers werden im Allgemeinen befriedigt; er zieht durch, was er vorhat. Seine Beziehung funktioniert nach seinen Bedingungen.

Das zugrunde liegende Muster: Die Mentalität des Nehmers entsteht oft aus einem Einzelkindsyndrom, bei dem das Kind im Mittelpunkt der Aufmerksamkeit steht und es nicht ertragen kann, erwachsen zu werden. Nehmer können allerdings auch aus größeren Familien stammen, in denen sie ihre Geschwister traktieren. Andere geben ihnen oft nach, denn Nehmer tendieren dazu, als Tyrannen aufzutreten oder einen solchen Wirbel zu veranstalten, dass die Menschen in ihrem Umfeld meinen, Widerstand würde sich nicht lohnen. In Wirklichkeit sind Nehmer oft unsicher und haben im tiefsten Inneren kein starkes Gefühl für ihre eigene Mitte. Sie fühlen sich nur lebendig, wenn andere sie beachten. Oft ziehen sie Geber an.

So erkennen Sie einen Nehmer
– Der typische Nehmer hat eine »Ich-zuerst«-Einstellung.
– Er redet ständig von sich selbst,
– schätzt nicht, was ihm gegeben wird,
– stellt Vermutungen über den anderen an und
– hat hohe Erwartungen an ihn.

Variationen des Geber-Nehmer-Themas

✪ *Führende(r) und Gefolgsmann/-frau*

In der Führer-Gefolgsmann-Beziehung gibt ein Partner das Tempo vor und trifft die meisten Entscheidungen, während der andere auch bereit ist, gegebenenfalls seinen Job aufzugeben oder umzuziehen, um mit der »Hauptperson« zusammen zu sein. Der Gefolgsmann – oder wahrscheinlich eher die Gefolgsfrau – läuft dem anderen ständig hinterher, weil der Führende immer wieder eine neue Richtung einschlägt.

✪ *Liebender und Geliebter*

Hier geht es immer um eine Jagd, bei der der Liebende seine »Ich-will-dich-Pfeile« auf den Geliebten abfeuert. Dieser spielt den Geheimnisvollen, was sicherstellt, dass der Liebende weiter interessiert bleibt. Solches Spiel mag auf der einen Seite Leute faszinieren, die Herausforderungen mögen, während es andererseits dem Ego schmeichelt, Objekt der Begierde zu sein.

Bindungsfanatiker und Freigeist

✪ Der Bindungsfanatiker

Der typische Bindungsfanatiker hat das starke Bedürfnis, sich niederzulassen, sich geborgen zu fühlen und »zu wissen, wo er dran ist«. Er ist von Natur aus treu und wird nie über Ihre Schulter schauen, um zu sehen, ob jemand Interessanteres die Szene betreten hat. Für ihn entwickeln sich Beziehungen in aufeinanderfolgenden Stufen, deren Höhepunkt die Ehe ist. Der Bindungsfanatiker ist bereit, alles zu übernehmen, einschließlich Ihrer Eltern und Kinder aus früheren Beziehungen. Er lädt sich zu viel Gepäck auf. Es versteht sich von selbst, dass der Bindungsfanatiker auf lange Sicht in einer Partnerschaft ist. Er plant Jahre im Voraus und entwickelt in der Beziehung gern Rituale, die, wie er meint, die Bindung festigen.

Die vermeintlichen Vorteile: Der Bindungsfanatiker weiß, wie er mit jemandem klarkommt, indem er um die Beziehung herum eine Struktur aufbaut. Er gedeiht, wenn alles seinen gewohnten Gang geht.

Das zugrunde liegende Muster: Bindungsfanatiker lassen sich in zwei Kategorien einteilen. Die einen stammen aus Familien, in denen die Eltern eine enge Verbindung eingegangen sind; Psychologen würden dieses Muster als »vernetzt« bezeichnen. Mit anderen Worten:

Die Familienmitglieder sind wechselseitig voneinander abhängig und agieren als Einheit. Von jeder neuen Beziehung wird erwartet, dass sie in den familiären Gesamtzusammenhang hineinpasst. Die andere Kategorie der Bindungsfanatiker kommt aus der genau entgegengesetzten Ecke. Ihre Herkunftsfamilie hat sich als Einheit aufgelöst, und deshalb sind sie entschlossen, in ihrem eigenen Leben die Einzelteile in Form einer soliden Beziehung wieder zusammenzusetzen. In beiden Fällen suchen Bindungsfanatiker nach einem Menschen, der sich ihnen verpflichtet, damit ihr Traum von Stabilität wahr wird.

So erkennen Sie einen Bindungsfanatiker
– Der Bindungsfanatiker spricht positiv über die Beziehung.
– Er sieht die Partnerschaft in seinem Leben an zentraler Stelle,
– ist für den anderen verfügbar,
– hat keine Angst, von der Zukunft zu sprechen, und
– lässt sich nicht zu Spielchen hinreißen, die den Partner in der Schwebe halten.

✪ Der Freigeist

Freigeister folgen in Beziehungen ihren eigenen Gesetzen. Im Allgemeinen fühlen sie sich eher zu einem breiten Spektrum von Menschen hingezogen, als nur auf einen »Typ« fixiert zu sein. Sie sehen kein Problem darin, mehrere

Beziehungen gleichzeitig zu haben, denn sie meinen, sie würden doch niemandem gehören. Sie haben etwas gegen Besitzansprüche und rechtfertigen ihre bindungsunwillige Haltung als intelligente und zeitgemäße Einstellung. Es sind die Menschen, die stereotyp sagen, sie bräuchten »kein Stück Papier«, um sich »verheiratet zu fühlen«.

Typische Freigeister haben etwas gegen Konventionen und sehen lieber erst mal, wie die Beziehung läuft, statt gleich eine festere Bindung anzusteuern. Ihre Angst vor Nähe bedeutet, dass sie es oft vermeiden, ihre Zeit ausschließlich in der Paargemeinschaft zu verbringen; sie fühlen sich wohler, wenn ihre eigentlich wichtigste Beziehung durch die Gesellschaft anderer »ausgedünnt« wird.

Die vermeintlichen Vorteile: Freigeister halten sich immer alle Möglichkeiten offen, sodass sie einen größeren Kreis von Freund(inn)en und Bekannten haben, auf die sie zurückgreifen können. Konventionelle Bindungen schränken sie nicht ein – und selbst wenn sie in einer Beziehung sind, bewahren sie sich ihre Freiheit.

Das zugrunde liegende Muster: Freigeister haben oft eine »Zweierkiste« nach der anderen. Sie sind nicht in der Lage, die Partnerschaft über die Phase der ersten Begeisterung hinaus weiterzuführen, denn sie haben schreckliche Angst davor, sich auf immer und ewig zu langweilen, wenn es mit der erotischen Anziehung und dem Herzflimmern erst einmal vorbei ist.

Ursache dieser Bindungsphobie ist oft eine Schädigung in der Kindheit. Oberflächlich mag es so aussehen, als stünden die Familienmitglieder sich sehr nah. Aber oft hat ein Elternteil das Kind in den Himmel gehoben und zu einem kleinen Prinzen oder einer kleinen Prinzessin gemacht. In diesem Fall ist der freigeistige Persönlichkeitstyp von dem Elternteil so erdrückt worden, dass er im tiefsten Inneren meint, Mami oder Papi nicht untreu werden zu dürfen.

Einige Freigeister kommen aus unkonventionellen Familien, in denen frühere Generationen sich beim Thema Heim und Herd über gesellschaftliche Regeln hinweggesetzt haben. Oder sie haben ganz private Gründe, aus denen sie familiäre Muster nicht wiederholen wollen, und schützen sich, indem sie ihr Leben abweichend von der Norm führen.

So erkennen Sie einen Freigeist
- Der Freigeist sagt ständig »ich« statt »wir«.
- Er organisiert sich so, dass er viel allein unternimmt, ohne den anderen einzubeziehen.
- Er geht auf Partys und vermittelt auch dann den Eindruck, er sei zu haben, wenn er schon in einer Beziehung ist.
- Er ist rastlos, sehr kontaktfreudig und handelt gern spontan.
- Er mag keine Routine und ist schnell gelangweilt.

Elternteil und Kind

✪ *Der Elternteil*

In vielen Fällen nimmt der Elterntyp dem Partner gegenüber eine beschützende, unterschwellig vorwurfsvolle Haltung ein, die impliziert, dass er alles besser weiß und kann. Oft hat er ein bedeutend höheres Einkommen als der Partner und gefällt sich deshalb in der Rolle desjenigen, der die Leckerli verteilt. Der Elternteil kontrolliert alles und meint, er wüsste es schließlich am besten. Elterntypen bestimmen häufig die Regeln der Beziehung und »schmeißen den Laden«.

Die vermeintlichen Vorteile: Der »Elternteil-Partner« fühlt sich sicherer, wenn er möglichst alles unter Kontrolle hat. Die Unausgewogenheit der Beziehung vermittelt ihm das Gefühl, überlegen zu sein.

Das zugrunde liegende Muster: Oft war der Elterntyp das älteste Kind, das seine Geschwister herumkommandierte oder bei ihnen sogar die Vater- oder Mutterrolle übernommen hatte. Elterntypen ist oft von klein an Verantwortung übertragen worden; sie fühlen sich älter, als sie sind. Sie haben das Bedürfnis, sich um den Partner zu kümmern, aber anders als Geber; denn bei ihnen gilt die unausgesprochene Botschaft, dass das Geben zu ihren Bedingungen und nicht zu denen des Empfängers stattfindet. Manchmal versucht der Elterntyp auf diese Weise, ein Gegengewicht zu einer chaotischen Kindheit herzustellen, in der er sich von seinen Eltern vernachlässigt fühlte. Er baut sich diese starke und einflussreiche Rolle in der Hoffnung auf, sich nie wieder hilflos oder verletzlich fühlen zu müssen.

So erkennen Sie den Elterntyp
- Der Elterntyp ist am glücklichsten, wenn er für sich und andere zahlt.
- Er hat eigensinnige, starre Vorstellungen,
- organisiert und managt den Urlaub, gesellschaftliche Ereignisse, den Hauskauf,
- erteilt ungebeten Ratschläge,
- hängt an seiner Position oder seiner Rolle in der Welt und
- übernimmt Verantwortung.

✪ Das Kind

Der Kindtyp will nicht erwachsen werden oder im Leben Verantwortung übernehmen. Er sieht sich als jungen, noch in der Entwicklung begriffenen Menschen, der ein bisschen zerbrechlich und unfähig ist, selbst einen angemessenen Lebensunterhalt zu verdienen. Er verliert sich gern in Plänen und Träumen über die Zukunft, die sich oft als undurchführbar erweisen oder irgendwann nicht mehr interessant sind. Der Kindtyp ist bedürftig. Er möchte, dass andere ihm helfen, für ihn sorgen und ihn beraten, und nie selbst etwas für sich tun, solange andere das erledigen können.

Der Kindtyp kommt mit seiner Art oft durch, weil er von sich das Bild vermittelt, verletzlich zu sein. Tiefinnerlich glaubt er vielleicht, etwas ganz Besonderes zu sein und sich mit den normalen weltlichen Dingen der Erwachsenenwelt nicht beschäftigen zu müssen. Er könnte nie einer »nervigen« Tätigkeit nachgehen oder in einer Beziehung sein, die »harte Arbeit« verlangt.

Die vermeintlichen Vorteile: Das erwachsene »Kind« ist oft erstaunlich attraktiv – besonders für den Elterntyp, der sich kümmern will. Das Kind bekommt alles bezahlt, es wird mitgenommen und mit Nachsicht behandelt.

Das zugrunde liegende Muster: Kindtypen stammen oft aus Familien, in denen die Kinder nie ermutigt wurden, erwachsen zu werden. Vielleicht hat die Mutter das Kind völlig erdrückt, das so dem Bedürfnis der Mutter entgegenkam, gebraucht zu werden. Bei der Beziehungssuche hält der Kindtyp unbewusst nach einer Mutter- oder Vaterfigur Ausschau, mit der er seine frühe Kindheit wiederholen kann. Das Kind ermuntert den anderen oft, ihm Aufmerksamkeit zu schenken, indem es um Rat oder Hilfe bittet, seine Probleme ausbreitet oder beispielsweise äußert, es könne »einfach nicht mit Geld umgehen«.

Es präsentiert sich als die Jungfer in Nöten, als kreative Person, die den Kopf in den Wolken hat, oder als jemand, dem in Beziehungen »übel mitgespielt« wurde. Anschließend lockt es seinen Ritter in der glänzenden Rüstung oder seinen »Mamaersatz« in seine Kinderzimmerwelt.

So erkennen Sie den Kindtyp
– Der Kindtyp ist glücklich, wenn andere seine Rechnungen zahlen.
– Er weiß nicht, was er machen will,
– scheint Hilfe/Rat/Unterstützung zu brauchen,
– lässt den anderen über sich bestimmen und das eigene Leben von ihm organisieren und
– hat keine Pläne für die Zukunft bis auf den, versorgt zu werden.

Die Zwei-Hälften-Beziehung

In dieser Beziehung betrachten zwei Menschen sich als gleichwertig – ohne Rücksicht auf ihre Position, ihr Einkommen, ihr Alter oder ihre Erfahrung. Je nach den aktuellen Erfordernissen können sie ihre Rollen tauschen, denn sie sehen sich in erster Linie als eine Einheit, in der das Wohl der Beziehung wichtiger ist als persönliche Präferenzen. Obwohl sie als zwei Hälften eines Ganzen handeln, kommt jeder bestens auch als eigenständiges Individuum zurecht.

5
Muster und Blockaden –
Wie wir die Auslieferung kosmischer
Bestellungen verhindern

Leugnen und abwehren – Die Mauern um Ihr Herz

✪ *Der »Ich-lerne-nie-jemanden-kennen«-Typ*

In Anbetracht der Milliarden von Menschen, die auf der Welt herumwimmeln, lautet merkwürdigerweise einer der häufigsten Sätze von Beziehungssuchenden: »Ich lerne nie jemanden kennen.« Was ist hier in Wirklichkeit los? Im Allgemeinen haben diese Leute ein umtriebiges Leben, einen Job, der sie mit Hunderten von Menschen in Kontakt bringt, Zugang zum Internet, sie reisen und haben jede Menge Freunde …

Wenn jemand sagt, er lerne nie jemanden kennen, meint er eigentlich, dass er nicht »den/die einzig Richtige(n)« findet. In Wirklichkeit laufen ihm alle möglichen Leute über den Weg – von denen aber keiner »passt«. Eventuell schirmt er sich gegen die Möglichkeit einer Beziehung ab, leugnet dies aber. Er meidet oder missachtet Gelegenheiten, die Art Mensch zu treffen, mit der er eine glückliche Verbindung eingehen könnte, ohne dieses Verhalten aber bewusst zu erkennen.

Der Witz an Abwehrmechanismen ist, dass jeder

meint, er hätte keine. Sie werkeln natürlich im Untergrund, und deshalb merken wir gar nicht, dass sie da sind. Sie haben eine gute und wichtige Aufgabe zu erfüllen, aber sie neigen gegebenenfalls auch dazu, uns in die Quere zu kommen – wie Türsteher vor einem Nachtklub. Selbstverständlich brauchen wir Abwehrmechanismen, um an Leib und Leben unversehrt zu bleiben. Aber im Gefühlsleben müssen wir uns vor unserer Ängstlichkeit schützen. Zugegeben, es kann stressig sein, aus vorgefertigten Formen auszubrechen und etwas Grundlegendes zu verändern (zum Beispiel sich auf eine neue Beziehung einzulassen, die anders verläuft als die bisherigen). Es kann tatsächlich einfacher sein, die Rollläden unten zu lassen und sich vorzumachen, das alles hätte mit uns nichts zu tun, wir würden einfach nicht den richtigen Leuten begegnen.

Allerdings müssen wir auch vorsichtig mit diesen Abwehrmechanismen umgehen. Sie dürfen nicht einfach niedergerissen werden, sodass wir schutzlos und verletzlich dastehen. Wir müssen behutsam vorgehen und uns im Klaren darüber sein, dass sie einen Sinn haben – sie sorgen dafür, dass wir normal funktionieren; wir meinen, ohne sie würden wir zusammenbrechen oder das Leben würde von unbequemen Veränderungen bestimmt. All das läuft in unserem Kopf natürlich automatisch ab. Uns ist nicht bewusst, dass unsere Abwehr am Werk ist. Sie ist unser unsichtbares »Zutrittverboten«-Schild.

Wenn ich den Satz »Ich lerne nie jemanden kennen« höre, stelle ich mir vor, der Sprecher würde ihn wie eine Rüstung am Leib tragen. Er ist eine der effektivsten Abwehrstrategien, die es gibt. Im Allgemeinen geht er mit unterschwelliger Gereiztheit einher, weil der Betreffende oft wirklich glaubt, aktiv nach einer Beziehung zu *suchen*. Aber ich höre unter der Oberfläche: »Ich komme bei der Suche nach einem Seelenpartner nicht weiter, ich bin blockiert und gebe auf. Die Sache ist hoffnungslos. Und das liegt nicht an *mir*, es liegt an *ihnen*. [Wer immer diese ›ihnen‹ sein mögen, denn ich bin ›ihnen‹ ja noch nicht begegnet!]« Hinter diesem Satz verbirgt sich die unausgesprochene Überzeugung, der Seelenpartner würde sich absichtlich vor dem Suchenden verstecken und ihm ausweichen, obwohl der sich doch so anstrengt – und das macht den Suchenden wütend und frustriert.

»Ich lerne nie jemanden kennen« ist ein Satz, der wie ein Stoppschild wirkt. Ein Manifest der Trostlosigkeit. Eine negative Meditation. *Stellen Sie sich vor, dass das Universum ihn hört!* Jede Leichtigkeit, jeder Optimismus fehlen. Der Satz lässt keine Möglichkeit für eine Veränderung und keinen Raum, um jemanden kennenzulernen. Er ist ein Mantra, das sich erfüllt.

Menschen dieser Art haben fast immer eine Antwort auf jede Frage. Je mehr Vorschläge Sie machen, desto mehr Gereiztheit schleicht sich in ihre Stimme. »Das hab ich schon probiert!«, rufen sie oder führen irgendeinen anderen Grund an, weswegen sie eine »Singleparty« nicht besuchen können oder glauben, jemand Jüngeres würde sich nie für sie interessieren. Selbst wenn sie von den erstaunlichen Beziehungen hören, die bei anderen wie vom Himmel zu fallen scheinen, sind sie schnell dabei, zu sagen: »Mir passiert so was nie.«

Kratzen Sie jedoch ein bisschen an der Oberfläche des »Ich-lerne-nie-jemanden-kennen«-Typs, merken Sie schnell, wie emsig er in Wirklichkeit daran arbeitet, dass alles ja so bleibe, wie es ist – und er sich weiter in seinen ausgefahrenen Gleisen bewegen kann. Aber das ist natürlich so tief in ihm verschüttet, dass er verletzt, abwehrend und wütend auf jeden reagieren würde, der es wagen sollte, auf diesen Sachverhalt hinzuweisen.

Je heftiger diese schwierigen Gefühle in Ihnen hin und her wogen, desto mehr schwappt an die Oberfläche. Vielleicht meinen Sie, Sie wären offen dafür, jemanden kennenzulernen, und würden nur darauf warten, Herrn oder Frau Richtig zu begegnen. Und vielleicht tauchen Sie auch pro forma bei irgendwelchen Veranstaltungen auf, richten sich ansehnlich her und leiern Gespräche an, aber in Wirklichkeit führt der »Ich-lerne-nie-jemanden-kennen«-Teil in Ihnen Regie. Ersetzen Sie dieses Mantra, diese »sich selbst erfüllende Prophezeiung«, unbedingt durch ein positiveres!

Wenn Sie weiterkommen wollen, muss der Teil von Ihnen, der nicht aus dem Muster ausbrechen will, neutralisiert werden. Bewusstmachung ist alles – Sie müssen ganz klar vor Augen haben, was Sie tun wollen.

Sie können damit anfangen, dass Sie sich selbst dabei zuhören, wie Sie sagen, Sie würden nie jemanden kennenlernen – kommen Sie sich auf die Schliche. Das ist der erste Schritt zur Umprogrammierung. Die Resignation, die diese Aussage begleitet, zeugt von einem seit langem bestehenden, tief verwurzelten Problem. Aus dem Satz »Ich lerne nie jemanden kennen« spricht die wütende, aber wehmütige Sehnsucht nach Kontakt, die Angst vor Ablehnung und davor, dass die Welt bzw. das Universum »ein böser Ort« sein könnte, wo Ihre Bedürfnisse nicht befriedigt werden. Dass jemand (»Herr oder Frau Richtig«) sich Ihnen entzieht, noch bevor Sie ihm respektive ihr überhaupt begegnet sind. Der Satz spricht Bände über Ihre Verhaltensmuster. Alles ist in ihm enthalten. Ihre Ungeduld, Ihr Frust und Ihre Angst sind mit von der Partie, wenn Sie den Satz einem Freund anvertrauen, der Ihre Anspannung beim Sprechen spürt – und erkennt, wie schrecklich er ist. Das kann bei ihm eine Reaktion auslösen – das Bedürfnis, etwas zur Besserung der Situation beizutragen –, was aber unweigerlich auf Zurückweisung stößt.

Der »Ich-lerne-nie-jemanden-kennen«-Typ hält das Universum für einen Elternteil, der ihm alles Mögliche vorenthält, und sich selbst für das Kind, das keine Macht hat, den Status quo zu ändern. Gleichzeitig fragt er sich, was er falsch macht. Vielleicht bemüht er sich nach Kräften, alles richtig zu machen, aber weil er sich als Kind im Angesicht eines ungerechten, strengen oder ablehnenden Universums wahrnimmt, kann nichts Neues passieren.

✪ Lippenbekenntnisse reichen nicht

Sie müssen sich Ihre Widerstände bewusst machen. Wenn Sie lauthals äußern: »Ich würde gern jemanden kennenlernen«, das aber nicht passiert, sollten Sie sich fragen, warum das so ist. Fragen Sie sich, was es blockiert bzw. verhindert.

✪ Ihre geheimen Ziele

Vielleicht halten Sie sich für einen aufgeschlossenen Menschen, der einfach jemanden kennenlernen möchte. Aber obwohl Sie »jemanden« sagen, ist das nicht einfach irgendeiner. Sie wollen Herrn oder Frau Richtig, Aussehen wie X, Einkommen wie Y und Eigenschaften wie Z. Konkrete Vorstellungen sind, wie gesagt, wichtig, doch darf man sich nicht in Details verlieren, die dann immer im Weg stehen. Wenn Sie nach Ihrem Traumpartner suchen, wird er genau das bleiben – ein Traum. Halten Sie eher nach einem *realen* bzw. realistischen Partner Ausschau!

Manche Menschen suchen unbewusst nach einem Partner, der mächtig und reich ist und ihnen, so meinen sie, ihre Unsicherheit nehmen werde. Sie fühlen sich zum Beispiel nur zu so genannten Alpha-Männern hingezogen, und obwohl sie mit ihnen ein paar enttäuschende Erfahrungen gehabt haben mögen, bleibt das ihre unbewusste Idealvorstellung. Es ist völlig in Ordnung, nach einem erfolgreichen Partner zu suchen. Aber weil der Erfolg das ist, was den Alpha-Mann antreibt, hat er für andere Lebensbereiche oft weniger Muße, was bedeutet, dass er emotional häufig nicht »verfügbar« sein wird.

Vielleicht stammen Sie aus einer Familie, in der die Eltern so glücklich verheiratet sind, dass es sehr schwierig ist, es ihnen gleichzutun. Es kann aber auch sein, dass Sie sich nur zu Menschen hingezogen fühlen, die Sie im Stich lassen oder sich nicht binden wollen, weil das etwas spiegelt, was Sie von der Beziehung Ihrer Eltern kennen.

> Es ist ganz wichtig, dass Sie sich Ihre geheimen Ziele bewusst machen. Die Erkenntnis, dass Ihre eigenen zugeschütteten Erwartungen Sie auf der Stelle treten lassen, ist ein entscheidender Faktor für das Funktionieren des kosmischen Bestellungsdienstes.

Ist die Welt »dort draußen« ungerecht? Offensichtlich ja. Wir bekommen nicht immer das, was wir wollen. Aber wir haben auch unseren Anteil an der Entstehung dieser Ungerechtigkeit und unserer Muster. Unser Widerstand zeigt sich, wenn etwas in uns sagt: »Nein, das macht mir zu viel Angst.« Sie selbst bauen sich Ihre Sackgasse. Sie meinen, Sie könnten nichts tun, oder verhindern unbewusst, dass Ihr Wunsch sich erfüllt. Sie sitzen in einer merkwürdigen Falle, denn je mehr Sie etwas wollen, desto heftiger schlägt Ihnen der Gegenwind ins Gesicht.

Sie wollen also eine Beziehung – Hält ein Widerstand Sie auf?

❂ *Was ist ein Widerstand?*

Ein Widerstand ist alles, was uns von innen heraus aufhält oder blockiert. Ein Widerstand ist Ausdruck der Angst, sich ins Unbekannte hinaustreiben zu lassen.

Woher wissen Sie, dass ein Widerstand am Werk ist? Jedes Gefühl, nichts tun zu können oder festgefahren zu sein, ist ein aufschlussreicher Hinweis auf einen Widerstand. Auf jeden Problemlösungswunsch kommt ein gleich großer Teil Ihres Wollens, der nicht daran interessiert ist, eine Lösung zu finden.

Woran lässt sich ein Widerstand sonst noch erkennen? An völliger Ratlosigkeit, was Sie überhaupt tun könnten, oder dem Gefühl, nicht zu wissen, wie der nächste Schritt aussehen soll. Diesen »mentalen Nebel« erzeugen Sie selbst, um keine Entscheidung treffen zu müssen.

Warum bleiben wir im Leerlauf? Im Allgemeinen hat er einen versteckten Vorteil. Es fühlt sich sicherer an, da zu bleiben, wo man ist, selbst wenn man eine Veränderung will. Widerstände spielen eine wichtige Rolle für unseren Selbstschutz. Sie lassen schwierige Probleme außen vor und schützen uns vor dem, was uns Angst macht. Wenn wir zwar sagen, eine Beziehung zu wollen, im tiefsten Inneren aber Angst vor Nähe haben, taucht der Widerstand auf und hält uns von der vermeintlichen Bedrohung fern. Das Ganze läuft natürlich nicht offenkundig ab, und Sie müssen sehr aufrichtig zu sich selbst sein, um es mitzubekommen. Kaum jemand wird zugeben wollen, dass er Angst vor Nähe hat. Noch nicht einmal uns selbst wollen wir sie eingestehen. Aber wenn wir sie nicht sehen, anerkennen oder bearbeiten wollen, geht sie in den Untergrund und heizt den Widerstand an, der verhindert, dass wir jemanden kennenlernen.

Der natürliche Instinkt könnte darin bestehen, dass wir den Widerstand bekämpfen – versuchen, ihn auf einen Streich auszurotten. Aber dann wären wir völlig schutzlos. So einfach ist es nicht; wir müssen das Bedürfnis nach Schutz ernst nehmen. Der erste Schritt besteht also darin, den Widerstand zu akzeptieren: ihn zuzulassen, ihn anzuerkennen und herauszufinden, warum er da ist. Uns klarzumachen, dass er in mancher Hinsicht nützlich ist, uns aber gleichzeitig weiter auf der Stelle treten lässt. Wir können nicht einfach sagen: »Jetzt stelle ich meinen Widerstand ab.«

Wir müssen uns damit auseinandersetzen, wie er ins Spiel kommt, welche Situationen ihn aktivieren. Wir müssen herausfinden, wo unsere »psychischen Knöpfe gedrückt« werden und der Widerstand uns vor einer Gefahr schützen will. Vielleicht sehnen wir uns nach einer Beziehung, aber es erscheint uns einfach zu gefährlich, dieses intime emotionale Territorium zu betreten.

Abwehrmechanismen

✪ *Die Geschichten, die wir uns erzählen*

Je zerbrechlicher wir sind, desto höhere Abwehrmauern brauchen wir, denn wir empfinden die Welt nicht als sicher. Wir tragen diesen Versicherungsschein gegen Gefühle mit uns herum, aber er kommt uns teuer zu stehen. Es kostet uns sogar viel, ihn immer weiter zu verlängern. Ständig müssen wir in unsere Abwehrmauern investieren, damit die immer gleiche Geschichte weiter Nahrung erhält. Eine Klientin erzählte mir andauernd: »Es gibt einfach keine Männer da draußen« – das war ihre Mauer, die Realität zu leugnen und abzuwehren; der Satz wurde *ihre* Wahrheit, obwohl es nicht die Wahrheit schlechthin war und nicht ihre Hoffnungen spiegelte. Ich fragte sie: »Was würde denn passieren, wenn es welche gäbe?«

Während man sich (und allen, die es hören wollen) wieder und wieder die gleiche Geschichte erzählt, strickt

man gleichzeitig an einem anderen möglichen Erzähl-
strang, den man sich und der Welt ebenfalls bis zum
Gehtnichtmehr vorsagt – dass man wirklich jemanden
kennenlernen *will*. Energie steht gegen Energie. Und das
tut man sich selbst an. Sie sehnen sich möglicherweise
nach etwas, und dann setzen Sie ihm einen Widerstand
entgegen, glauben nicht daran, laufen vor ihm weg oder
sabotieren es.

Durch einige der Geschichten, die wir uns erzählen, bleiben wir garantiert in der Klemme stecken. Man
könnte sie als »Schwindel« bezeichnen – wir geben ihm
Nahrung und machen uns gleichzeitig vor, wir könnten
X, Y oder Z nicht tun, weil wir kein Geld, keine Zeit
oder keine Möglichkeiten haben. Wir sind nicht ehrlich
zu uns, denn eigentlich geht es um unsere Angst vor Veränderung. Wir wollen das Risiko nicht eingehen.

Jeder von uns tendiert dazu, im Leben vertrautes Territorium zu besetzen. Wir suchen immer wieder dieselben
Orte auf, tun dieselben Dinge, verbringen unsere Freizeit mit denselben Leuten – und bewohnen das immer
gleiche emotionale Terrain. Dort fühlen wir uns sicher;
wir wissen, was wir zu erwarten haben. Und hindern
uns daran, etwas Neues geschehen zu lassen. In alten
Zeiten hielt man die Erde für eine Scheibe mit eindeutig
bestimmbarem Rand, und alles, was jenseits davon lag,
galt als gefährlich. Der Legende zufolge stand am Rand
der damaligen Karten: »Hier sind Drachen«, womit das
Unbekannte gemeint war. Heute wissen wir natürlich,

dass die Welt eine Kugel ist und wir nicht an irgendeinem Rand herunterfallen; trotzdem bauen wir uns weiterhin imaginäre Grenzen oder Ränder auf, die wir einfach nicht überschreiten – weder physisch noch psychisch.

Wir sind so damit beschäftigt, am Mythos unserer Identität zu basteln, dass wir uns vor unserem Potenzial verschließen. Wir konstruieren unsere Identität um unsere Arbeit, unser Alter und unseren Besitz herum und meißeln sie dann in Stein. Je mehr wir an diese oberflächlichen Hinweise auf unsere Identität glauben, desto unwahrscheinlicher ist es, dass wir uns wirklich frei fühlen. Es fällt uns schwerer, spontan zu handeln; wir lehnen Einladungen ab, weil wir meinen, wir würden uns nicht amüsieren. Unsere Gedankenwelt verengt sich, unsere emotionalen Blockaden nehmen zu, denn wir schleppen all diese Rollen, Identitäten und Erwartungen mit uns herum. Wir wenden unsere gesamte Energie dafür auf, an dem festzuhalten, was wir haben und wer wir sind. *In Wahrheit könnten wir uns neu erfinden, wenn wir nur wollten.* Es ist so wichtig, daran zu denken, dass wir immer die Wahl haben – und so leicht, es zu vergessen.

Wie viel Freiheit haben wir wirklich?

Die Antwort auf diese Frage lautet in der freien Welt: So viel, wie Sie wollen, bzw. so viel, wie Sie zu haben glauben. Eigentlich leben wir in einer Leere, die wir füllen, indem wir unsere persönlichen Wohlfühlzonen schaffen. Und sobald wir sie betreten haben, schickt das Leben uns jede Woche unsere Lieferung, und wir denken nicht daran, sie zu ändern. So vieles gerät uns durch vorhandene Muster und Überzeugungen ins Haus. Wir ziehen es an und wundern uns dann, warum wir am Schluss immer noch mit der gleichen Lieferung dastehen!

Kosmische Bestellungen eröffnen uns die schöne Perspektive, dass wir aufhören können, uns zu blockieren, und uns stattdessen für neue Möglichkeiten öffnen.

Fragen zu Ihrer Geschichte

- Welche Geschichte/welches Muster habe ich im Zusammenhang mit Beziehungen?
- Wie ist diese Geschichte/dieses Muster entstanden? Denken Sie an Ihre Kindheit, die Beziehung Ihrer Eltern.
- Auf welche Weise sorge ich dafür, dass ich weiter festgefahren und blockiert bleibe?
- Wie hätte ich es gern?
- Bin ich wirklich bereit, das Drehbuch umzuschreiben?

Notieren Sie alles, was relevant ist – jede Einsicht in Ihre Geschichte.

6
Das Wunder, das harte Arbeit verlangt

Damit das kosmische Bestellen bei Ihnen funktioniert ...

Sie wissen jetzt also, was Sie wollen. Ihre theoretischen Hausaufgaben haben Sie gemacht. Und Sie haben sich einige der Hindernisse vergegenwärtigt, die Ihnen vielleicht im Weg stehen, zum Beispiel Abwehrmechanismen, eingefahrene Verhaltensmuster und Ihre Geschichte.

Jetzt ist es an der Zeit, einen Schritt weiterzugehen. In diesem Kapitel gebe ich Ihnen spezielle Techniken an die Hand, mit denen Sie alles durcharbeiten können, was die Realisierung Ihrer kosmischen Bestellung verhindern könnte. Hier arbeiten Sie an sich: Sie fragen, analysieren, visualisieren und meditieren.

Kosmische Bestellungen sind eine Kombination aus Wundern und harter Arbeit!

Die Annäherung an Ihren Traum geschieht in kleinen Schritten, durch alltägliche Entscheidungen – Sie müssen sich trauen, anders zu sein. Manchmal können kleine Veränderungen großen Eindruck machen und sehr ermutigend sein.

Trotzdem sollten Sie nicht erwarten, einen berghohen Komplex aus Widerständen über Nacht wegschaufeln zu können. Durch ein massives Feld von Abwehrmaßnahmen oder Verleugnungen hindurch kann das Universum Ihre Bestellung nicht liefern. Sie müssen Ihr Energiefeld klären, damit der Kosmos Ihnen bei der Verwirklichung Ihrer Wünsche helfen kann.

Das bedeutet, dass Sie an sich zu arbeiten haben: Sie müssen sich selbst realistisch einschätzen und eine Bestandsaufnahme machen. Wenn Sie sich außerstande fühlen, die folgenden Fragen selbst zu beantworten, können Sie einen vertrauenswürdigen Menschen darum bitten, dies an Ihrer Stelle zu tun. Das kann eine sehr interessante Übung sein, denn der andere wird Ihre Abwehrmechanismen oft direkt durchschauen und Ihren »Knackpunkt« erkennen.

Machen Sie die Visualisations- und Meditationsübungen im Anschluss und aktivieren Sie Ihren Willen für den nächsten Schritt. Bleiben Sie am Ball. Bleiben Sie motiviert. Geben Sie sich – oder das Universum – nicht auf.

… selbst wenn bislang nichts geklappt hat

Ihr nächster Schritt besteht darin, zu erkennen, wo Sie fest-hängen, und sich damit zu beschäftigen, wie Sie Ihre Lage verändern können.

Bedenken Sie stets: *Sie* selbst erschaffen Ihre Realität

Fragen Sie sich:
- Was will ich wirklich?
- Warum will ich es?
- Was hält mich davon ab, es zu haben?
  - Das Universum liefert nicht.
  - Ich bin mir nicht sicher, ob es klappt.
  - Ich versuche alles, aber es passiert nichts.
  - Ich habe Angst, dass ich ihm nicht gewachsen wäre, wenn ich es hätte.
  - Veränderung und Unbekanntes machen mir Angst.
  - Ich schütze mich.
  - Weiß nicht (hier ist Ihr Widerstand aktiv).
  - Anderer Grund.
- Was habe ich davon, wenn diese Bestellung nicht geliefert wird und ich so bleibe, wie ich bin?
- Wie würde mein Leben aussehen und wie würde ich mich fühlen, wenn ich ewig so weitermachte?
- Gibt es Zeiten, in denen ich das Gefühl habe, dass es vorwärtsgeht? Wenn ja, wann? Unter welchen Umständen? Was bremst mich dann wieder aus?
- Wie bin ich in diese Lage gekommen? Notieren Sie Ereignisse, Einstellungen und Menschen, die zum gegenwärtigen Problem beigetragen haben. Was haben sie getan? Was habe ich getan?
- Halte ich eine Änderung der Situation für möglich?
- Ist es möglich, dass *ich* mich ändere?
- Worauf hoffe ich?
- Welches Ergebnis wünsche ich mir?

Stellen Sie sich Ihre Blockade als einen Ziegelstein vor, der aus allen Erkenntnissen besteht, die Sie aus der Beantwortung der obigen Fragen gewonnen haben. Legen Sie diesen Ziegelstein als Fundament Ihrer kosmischen Bestellung auf den Boden. Von ihm aus werden Sie weiterbauen.

Damit Ihre Energie im Fluss bleibt – Techniken und Methoden

An dieser Stelle sind einige Techniken hilfreich, mit denen Sie Ihre Energie wieder flottmachen, falls Sie in eine Sackgasse geraten, und so die Realisierung Ihrer Wünsche vorantreiben können. Bedenken Sie allerdings, dass man eine Veränderung nicht erzwingen kann; aber Sie *können* dafür sorgen, dass die Energie frei fließt und wieder in Bewegung kommt.

Um das anzuziehen, was Sie sich wünschen, müssen Sie an Ihrer Fähigkeit arbeiten, Dinge zu sich hinzulenken. Die Fähigkeit, das, was man sich wünscht, auf der materiellen Ebene hervorzubringen, ist eine Kunst, die sich vervollkommnen lässt. Um etwas aus dem Kosmos anzuziehen, müssen Sie Ihren Magnetismus verstärken.

Als Erstes müssen Sie natürlich Ihre kosmische Bestellung aufgeben; dazu ist jede Form geeignet, die Ihnen zusagt:

- *Schreiben Sie Ihre kosmische Bestellung auf und übergeben Sie sie den höheren Mächten.* Kleben Sie Ihren
Wunschzettel an die Kühlschranktür, damit Sie ihn
ständig sehen.
- *Fragen Sie sich, was die nächsten drei Schritte wären, damit die Dinge für Sie in Bewegung geraten.* Schreiben Sie
diese Schritte auf. Sie sollten ausführbar, überschaubar
und innerhalb kurzer Zeit realisierbar sein.
- *Erzählen Sie einem vertrauten Menschen, was Sie vor-
haben,* und bitten Sie ihn, mit Ihnen zusammen zu
prüfen, ob Sie noch am Ball sind.
- *So tun, als ob … (die realistische Phantasie).* Stellen Sie
sich jetzt vor, wie Ihr Leben ohne dieses Problem wäre.
Oder dass Ihre kosmische Bestellung schon geliefert
worden wäre:
  - Wie sähe *Ihr Leben* aus, wenn Sie Ihr Problem los
  wären?
  - Wie sähen *Sie* aus, wenn Sie Ihr Problem los wären?
  - Was würden Sie tun, wie würden Sie sein?
  - Kommen Sie in Kontakt mit den Gefühlen, die Sie
  hätten, wenn Ihre kosmische Bestellung schon geliefert worden wäre. Verstärken Sie dieses Gefühl,
  spüren Sie es in Ihrem Körper, in Ihrer Seele und
  in Ihrem gesamten Wesen. Es ist wirklich wichtig,
  dass Sie dies wahrnehmen und sich vorstellen, Ihr
  Wunsch sei erfüllt worden und Sie lebten in der
  angestrebten Situation.
  - Schreiben Sie, wenn Sie dieses Gefühl klar vor Au-

gen haben, alle Worte auf, die ihnen dazu einfallen. Wie ist es? Kennen Sie jemanden, der auf diese Weise lebt oder dieses Gefühl verkörpert? Könnten Sie sich von ihm eine Scheibe abschneiden?

Ihre Aufgabe besteht darin, *so zu tun*, *als ob* diese Phantasie schon Wirklichkeit geworden wäre. Tun Sie so, als wäre diese kosmische Bestellung schon in Ihrem Leben angekommen, als würden Sie mit ihr leben, sie »sein«. Auch wenn das, was Sie sich gewünscht haben, noch nicht eingetreten ist: Tun Sie einfach so, als wäre es schon der Fall – wann und wo immer möglich. Wenn Sie zwischen sich und Ihren Wunsch eine Mauer bauen, hat der Wunsch es sehr viel schwerer, sich zu realisieren. Sie müssen »sein«, was Ihr Wunsch ausdrückt, egal, was es ist, Sie müssen sich in ihn einklinken, zu ihm werden oder *so tun*, *als ob* Sie mit ihm deckungsgleich wären. Dass Sie Ihren Wunsch für realisierbar halten, ist ein entscheidender Faktor dafür, dass Sie seiner Erfüllung näherkommen.

Diese Technik verändert ganz subtil Ihr Magnetfeld. Sie beruht auf der Grundlage, dass »Gleiches Gleiches anzieht«, und gibt Ihnen die Fähigkeit, die Menschen und Situationen in Ihr Leben zu holen, die Sie sich wünschen.

Eine weitere wirksame Technik zur Verstärkung Ihrer Kraft, etwas anzuziehen und Ihr Leben zu beeinflussen, ist die »Magnetmeditation«. Diese wunderbare Übung baut Ihr Selbstwertgefühl auf; sie verstärkt Ihre Zuversicht und Ihren Optimismus, dass Sie das, was Sie wollen, auch bekommen. Sie können diese kleine Übung jederzeit und überall ausführen.

- *Die Magnetmeditation:* Stellen Sie sich vor, Sie wären ein Magnet. Sehen Sie sich angefüllt mit magnetischer Energie, die alles anzieht, was Sie sich wünschen. Stellen Sie sich vor, wie das, was Sie haben möchten, auf Sie zukommt, einfach weil es in Ihre Richtung gezogen wird. Registrieren Sie, wie glatt und rund das Leben läuft, wenn Sie über diese magnetische Energie verfügen. Wie einfach es ist, das zu bekommen, was Sie wollen. Allerdings ist hier eine Warnung angebracht: Seien Sie vorsichtig bei der Auswahl dessen, was Sie sich wünschen. Die Magnetmeditation ist sehr effizient, und Sie müssen wissen, dass Sie wirklich das »Richtige« anziehen – und nicht irgendetwas, von dem Sie dachten, Sie wollten es haben, was dann in Wirklichkeit aber nur überflüssiges Gepäck ist.

Wenn Sie immer noch mit Problemen kämpfen, die Ihren Schwung bremsen, sollten Sie die folgende Meditation ausprobieren, die Sie die Dinge »von oben« sehen lässt.

✪ Das Problem von einer höheren Warte aus betrachten

Finden Sie einen angenehmen und ruhigen Ort, an dem Sie nicht gestört werden. Setzen Sie sich auf einen Stuhl und richten Sie die Wirbelsäule auf. Schließen Sie die Augen und atmen Sie tief. Lassen Sie alle Anspannung in Ihrem Körper los. Spüren Sie, wie diese sich weiter und weiter von Ihnen entfernt.

Sehen Sie jetzt sich selbst auf Ihrem Stuhl. Schauen Sie in der Vorstellung auf sich hinunter, wie Sie da im Zimmer sitzen, und werden Sie gewahr, dass Sie über ein bestimmtes Problem in Ihrem Leben nachdenken. Sehen Sie den Raum ganz deutlich vor sich, die Möbel, die Farben. Stellen Sie sich vor, wie Sie von oben auf das Haus oder das Gebäude herabsehen, wie Sie darin sitzen und wie Sie Ihr Problem hin und her wälzen.

Stellen Sie sich dann vor, wie Sie das Ganze von noch weiter oben sehen. Sie erkennen die Straße, das Dorf oder die Stadt; und jeder geht seinen Beschäftigungen nach, während Sie da drinnen auf einem Stuhl sitzen, in einem Raum, in Ihrem Haus.

Gehen Sie jetzt in der Vorstellung noch höher und sehen Sie das Land, in dem Sie leben, und die ganze Welt mit all ihren Ländern und Menschen. Schicken Sie aus dieser Position Licht auf sich selbst hinunter, als würden Sie von einem Scheinwerfer angestrahlt.

Sehen Sie sich mit diesem Problem dasitzen und gehen

Sie in Gedanken die Muster und Ereignisse in Ihrem Leben durch, die dazu geführt haben, so als würden Sie einen Film abspulen. Nur die interessanten Szenen werden Ihnen gezeigt. Erkennen Sie einen roten Faden? Können Sie von hier oben etwas sehen, was Sie dort unten nicht erkannt haben? Können Sie sich selbst von Ihrer höheren Wahrnehmungsebene aus irgendwelche Worte, Eingebungen, Gefühle oder Ratschläge nach unten schicken?

Kommen Sie langsam wieder auf die Erde zurück, erkennen Sie die Welt, Ihr Land, Ihre Stadt, Ihre Straße, Ihr Haus, den Raum, in dem Sie sich befinden, sowie den Stuhl, auf dem Sie sitzen. Bewegen Sie die Zehen und die Hände, öffnen Sie die Augen und kommen Sie in die Gegenwart zurück. Schreiben Sie auf, was Sie wahrgenommen, wie Sie sich gefühlt haben – und jede Hilfe, die Ihnen vielleicht zuteil ward.

Wenn es Ihnen schwerfällt, der Erfüllung Ihres Wunsches mit Überzeugung und Vertrauen entgegenzusehen oder die Kontrolle über das Geschehen aufzugeben, sollten Sie die folgende Methode ausprobieren.

✪ Folgen Sie dem Fluss

Lassen Sie sich in eine meditative, kontemplative Verfassung gleiten. Spüren Sie die Entspannung in Ihrem Körper, von dem alle Anstrengung abgefallen ist. Stellen Sie sich vor, Sie blickten auf einen Fluss, der Sie dahin bringt, wo Sie hinwollen. Sie brauchen nur in den Fluss hineinzugehen (das Wasser birgt keine Gefahren, und es gibt keine Stromschnellen), sich treiben zu lassen und sich von der sanften Strömung zu Ihrem endgültigen Bestimmungsort tragen zu lassen. Es kann sein, dass der Fluss mäandert, aber das ist in Ordnung. Sie haben genug Zeit. Sie brauchen sich wegen der Reise keine Sorgen zu machen, nicht am Steuer zu stehen oder irgendetwas zu veranlassen. Folgen Sie einfach der Strömung. Machen Sie sich bewusst, wie es sich anfühlt, etwas anderem zu vertrauen. Lassen Sie jeden Wunsch los, den Vorgang zu beeinflussen, beobachten Sie einfach die Landschaft, genießen Sie das Erlebnis und seien Sie sicher, dass Sie an einem Ort ankommen werden, der für Sie richtig ist.

Wiederholen Sie diese Meditation jedes Mal, sobald Fragen nach dem Warum, Wie und Wozu des Lebens Ihnen Probleme zu bereiten beginnen.

Wenn Sie nicht mehr wissen, was Sie als Nächstes tun sollen, kann Ihnen die folgende Methode helfen.

◉ An der Wegkreuzung

Stellen Sie sich vor, Sie wandern den Pfad Ihres Lebens entlang und kommen zu einer Weggabelung. Sie müssen eine Entscheidung treffen. Sie haben eine Karte und können sehen, wo jeder Weg hinführt. Was sagt die Karte Ihnen über diese beiden Möglichkeiten? Ist ein Weg schneller als der andere? Schöner? Bringt er Sie sehr viel einfacher an Ihr Ziel? Könnten Sie sich bei dem anderen verirren? Führen beide Wege zum selben Ort, sodass Sie es in jedem Fall richtig machen, gleich, für welchen Sie sich entscheiden? Oder sind Sie gerade dabei, in eine völlig andere Richtung zu gehen?

Bekommen Sie ein Gefühl für die verschiedenen Wege, bevor Sie sich entscheiden. Es ist wichtig. Machen Sie sich klar, dass Sie auf Ihrer Reise durch das Leben die Freiheit haben, jeden Weg einzuschlagen, den Sie wollen.

All diese Übungen und Techniken tragen dazu bei, Ihre »Zielerreichungskraft« zu stärken. Aber es gibt eine Zutat, die für Ihr Geschick im kosmischen Bestellen unentbehrlich ist: *die Stärke Ihrer Intention.*

Der Unterschied zwischen Intention und Wunsch

Wir müssen unsere Intention stärken, wenn das kosmische Bestellen für uns funktionieren soll. Eine Intention ist etwas ganz anderes als ein Wunsch. Beim kosmischen Bestellen *ist die Intention alles.*

Was genau ist eine *Intention* denn nun im Gegensatz zu einem *Wunsch*? Eine Intention ist etwas sehr Bewusstes. Sie impliziert, dass wir uns auf ein Ziel ausrichten, Verantwortung für das Geschehen übernehmen und uns aktiv damit beschäftigen, dass etwas geschieht. Wenn Sie zum Beispiel die Intention haben, abzunehmen, werden Sie wahrscheinlich eine Diät machen, mehr Sport treiben, sich Ziele setzen und alles in Ihrer Macht Stehende tun, um alte Gewohnheiten abzulegen. Ein Wunsch dagegen wird hier eher als »unbefriedigte Sehnsucht« definiert. Er ist ein passiver Zustand. Wenn Sie also nur den Wunsch haben, abzunehmen, werden Sie vielleicht ein paar Pfund verlieren wollen oder wünschen, es käme dazu. Aber das wird nicht der Fall sein, solange Sie nicht aktiv etwas dafür *tun*.

Wenn wir mit der Intention starten, fangen »die Dinge da draußen« an, in eine Richtung zu ziehen. Sie fügen sich zusammen. Aber wenn unsere Ausgangsposition lediglich Wunschdenken ist, driftet alles auseinander; denn unsere vielen Wünsche konkurrieren miteinander. Dann verzetteln wir uns. Manchmal sind unsere Wünsche so gegensätzlich, dass wir aus den Augen verlieren, was wir eigentlich wirklich wollen. Treiben unsere Wünsche uns an, können sie auch so stark sein, dass sie zwanghaft werden. Und leider sind wir selbst dann, wenn wir sie uns erfüllen, selten auf lange Sicht zufrieden. Sobald unser Wunsch wahr geworden ist, wollen wir mehr vom Gleichen oder greifen nach dem Nächsten. Was immer wir wollten – wenn wir es schließlich haben, erkennen wir, dass es uns immer noch nicht genug ist. Wir sind in einem Ablauf gefangen, der uns wie in einem Hamsterrad gefangen hält.

Man könnte meinen, Wünsche hielten die Welt in Gang – ganze Konzerne florieren durch sie: Die Werbung erweckt Sehnsüchte; und wir jagen diesem und jenem materiellen Gut hinterher und meinen, sein Besitz mache uns glücklich. Aber wenn unsere Energie sich derart zersplittert, sind wir weniger effizient. Bei der Verfolgung unserer Wünsche vergeuden wir manchmal unsere Essenz, unsere Substanz, unsere Lebenskraft. Wir dürfen uns mit unseren Wünschen nicht zu stark identifizieren – sie können uns forttragen, oft in alte Gewohnheiten hinein.

Allerdings ist es nicht generell schlecht, einen Wunsch zu verspüren. Der Wunsch kann etwas Positives sein, denn er bringt uns mit dem in Kontakt, was wir wirklich wollen. Er ist möglicherweise der Auslöser, der uns aus unserer Trägheit aufrüttelt. Es kann auch gut sein, dass wir einen Wunsch haben und ein Resultat wollen – aber am besten ist es, sich dabei nicht zu sehr zu versteifen oder stecken zu bleiben beim Nachgrübeln darüber, wie der Wunsch realisiert werden kann. Eine Fixierung ist von Natur aus eine sehr intensive Angelegenheit: Wenn wir uns in etwas hineinsteigern, müssen wir das, was wir wollen, *unbedingt* haben; koste es, was es wolle. Wir haben fast das Gefühl, unser Leben hinge davon ab.

Der buddhistischen Theorie zufolge sind Wünsche und Fixierungen jedoch eine Hauptquelle des Unglücklichseins. Stattdessen spricht der Dalai-Lama von einem »bedürfnislosen Sein«, das Gegenstände, Situationen oder

Menschen weder an sich zieht noch festhält. Vielleicht meinen Sie, kosmische Bestellungen würden diesem Prinzip widersprechen, denn eine Bestellung impliziert, dass wir etwas wollen. Ja, das stimmt. Aber die hohe Kunst beim kosmischen Bestellen besteht in unserer Fähigkeit, etwas anzustreben, ohne dass dies zwanghaft geschieht.

Sie können das Hamsterrad der Fixierungen verlassen, indem Sie die Intention kultivieren. Eine Intention ist zielgerichteter und achtsamer als ein Wunsch. Bei ihr geht minimale Anstrengung mit maximaler Energie einher.

Die Intention einzusetzen bedeutet, dass Sie bewusster denken und handeln. *Sie beschließen, etwas zu tun, aber Sie müssen es nicht tun.* Mit einer Intention erfüllen Sie eher Ihre Bedürfnisse als Ihre Wünsche.

Think lucky!
Die Forschung hat gezeigt, dass Sie mehr Chancen haben, wenn Sie sich für glücklich halten.

Sind Sie selbst Ihres Glückes Schmied?

Manchmal hat man den Eindruck, als stellten die Protagonisten des kosmischen Bestellens ihr Tun als etwas ganz Einfaches dar, als könnten Sie alles bekommen, was Sie sich wünschen, indem Sie einfach nur darum bäten. Anschließend bräuchten Sie sich lediglich zurückzulehnen

Wege zum Glück

So sorgen Sie selbst für Ihr Glück – ganz nach dem (ein wenig abgewandelten) Motto »Hilf dir selbst, dann hilft dir das Universum«:

- Es reicht nicht, nur zu *wollen*, dass etwas passiert; Sie müssen auch bereit sein, etwas dafür zu *tun*. Das Universum erwartet, dass Sie Ihren Beitrag leisten. Sich dafür regelrecht ins Zeug zu legen ist ebenfalls ziemlich wichtig. Sie bekommen mehr Chancen, wenn Sie wissen, wie Sie diese nutzen können; denn Energie zieht Energie an. Sie müssen die innere Einstellung und die Intention verstärken, im Hinblick auf die gewählte Richtung klare, durchdachte Entscheidungen zu treffen.
- Wenn Sie »alles« versucht haben, aber das Gefühl bekommen, mit dem Kopf gegen die Wand zu rennen, könnte es sein, dass Sie dem Vorgang mehr *Vertrauen* entgegenbringen müssen, damit die kosmische Bestellung für Sie funktioniert. Es geht nicht darum, den Vorgang zu dirigieren und alles zu haben, was Sie sich wünschen. Es geht um Vertrauen und Loslassen, damit das Universum »zu Ihnen durchdringen« kann.
- Eben hier wird das Erschaffen von Glück paradox: Sie müssen hundertprozentig hinter Ihrem Tun stehen, ohne sich an das Ergebnis zu klammern. Fixieren Sie sich auch nicht darauf, wie dieses Glück zustande zu kommen hat. Die Methode, sich für das Eintreten eines Ereignisses einzusetzen, ohne dass Sie versuchen, es zu steuern, verlangt viel Geduld und Übung. Aber sobald Sie den Dreh raushaben, ist Glück die Folge.

und darauf zu warten, dass der Lieferservice an Ihre Tür klopft. Aber ich glaube nicht, dass es wirklich so funktioniert. Vor allem wenn Sie wie auch immer geartete innere Widerstände haben, die es neuen Möglichkeiten schwer machen, sich Ihnen darzubieten.

Sind Sie ein rezeptiver oder ein dynamischer Energietyp?

Das bringt uns zu dem Thema »Schicksal oder freier Wille« zurück. Wie stark können wir das Ergebnis beeinflussen? Die Menschen tendieren zu zwei Kategorien: Der rezeptivere Typus meint, es gäbe einen größeren Plan, und lässt zu, dass das Leben sich entsprechend entfaltet. Der dynamischere Typus dagegen glaubt, jeder erschaffe sein Schicksal selbst und könne mit genügend Zielstrebigkeit bekommen, was er wolle.

Rezeptiv	Dynamisch
Yin	Yang
Liebe	Wille
Mitfließen	Handeln
Rezeptiv	**Dynamisch**
»Der große Plan«	Freier Wille
Passiv	Aggressiv
Intuitiv	Logisch
Sein	Tun

Rezeptiver Typus

Sie sind ein rezeptiver Typ, wenn Sie:
- sehr leicht Verbindungen sehen,
- die Tendenz haben, sich treiben zu lassen,
- anpassungsfähig sind und das »Sein« dem »Tun« vorziehen,
- glauben, dass am Ende alles eine gute Lösung findet und Sie nur dem Prozess vertrauen müssen,
- das Ergebnis dem Schicksal überlassen und sagen, das hätte eben so sein sollen.

Ihr Problem: Sie sehen das Potenzial und die Möglichkeiten, aber es fällt Ihnen schwer, sie zu realisieren. Sie verlieren sich und haben keinen Fokus.

Dynamischer Typus

Sie sind ein dynamischer Typ, wenn Sie:
- glauben, Sie wären verantwortlich für das, was geschieht, und
- Sie könnten etwas bewirken,
- Spaß daran haben, sich zu fordern und Probleme in Angriff zu nehmen,
- meinen, Lösungen seien das Ergebnis von Entscheidungen,
- gern alles im Griff haben und immer wissen, was Sie tun.

Ihr Problem: Sie setzen Himmel und Hölle in Bewegung, um Ihr Ziel zu erreichen, aber es fällt Ihnen schwer, dem Universum zu vertrauen. Sie haben gern alles im Griff und wollen die Auslieferung nicht dem Kosmos überlassen.

Rezeptive und dynamische Eigenschaften bilden Gegensatzpaare. Die meisten Menschen gehören mehr dem einen oder mehr dem anderen Typ an. Wenn Sie Ihre Trefferquote beim kosmischen Bestellen erhöhen wollen, sollten Sie herausfinden, welcher Typ Sie jetzt sind, damit Sie daran arbeiten können, auch die Eigenschaften des entgegengesetzten in Ihr Leben zu integrieren.

Damit die kosmische Bestellung klappt, müssen Sie beides einsetzen: passives Annehmen und aktives Erwerben.

Wenn Sie sich eher mit dem *rezeptiven* Typus identifizieren, sollten Sie Ihre Wünsche sehr viel aktiver und dynamischer verfolgen. Sie müssen praktische Schritte unternehmen und sich selbst fordern, damit Ihre Träume wahr werden. Gehen Sie öfter »hinaus in die Welt« und betreten Sie unbekanntes Terrain, statt nur die Hände in den Schoß zu legen und darauf zu warten, dass sich die Gelegenheiten ergeben und Ihnen alles zufallen wird, wenn die Zeit reif dafür ist.

Identifizieren Sie sich dagegen eher mit dem *dynamischen* Typus, sollten Sie regelmäßig mit den bereits beschriebenen Visualisierungstechniken arbeiten, vor allem denen, die Ihnen helfen, sich treiben zu lassen. Lernen Sie, öfter loszulassen und »einfach zu sein«. Denken Sie daran, dass Sie das, was Sie wollen, bekommen können, wenn Sie nur in der Ruhe bleiben, statt ihm hinterherzujagen. Annehmen zu können ist eine Kunst, die eine gewisse Offenheit voraussetzt. Sie müssen sich damit wohl fühlen, wenn Sie etwas bekommen.

Den richtigen Zeitpunkt erkennen

Jede Veränderung setzt voraus, dass das eine endet und etwas Neues beginnt. Vielleicht wollen Sie eine Kleinigkeit verändern, zum Beispiel eine unangenehme Gewohnheit oder ein lästiges, sich wiederholendes Muster in Angriff nehmen. Manchmal werden Sie vielleicht auch einen radikalen Wandel vornehmen wollen, der von Ihnen verlangt, dass Sie Ihr vertrautes Leben aufgeben.

Jede Veränderung verlangt eine Intention, Energie und einen Willensakt, damit Sie sich von der Vergangenheit lösen und beschließen können, eine Sache von nun an anders zu machen. Wenn Sie ein vertrautes Muster verändern wollen, müssen Sie sich sagen: »Diesmal nehme ich jenen Weg nicht.« Sie müssen sich anstrengen. Sie müssen sich wirklich auf einer tieferen Ebene ändern wollen, statt bloß zu denken, dass so etwas ja »ganz nett« wäre. Sie müssen Ihren Willen einspannen.

Manchmal müssen Sie erst etwas loslassen, bevor Sie das tun können, was Sie wollen. Das Loslassen ist nicht nur ein gedanklicher Prozess. Es ist ein echter Verzicht bzw. ein innerer Schlusspunkt, der an einer zentralen Stelle Ihres Lebens gesetzt wird und sich danach ständig wieder manifestiert. Bereitschaft impliziert Offenheit. Etwas Neues anzustreben bedeutet, dass Sie bereit sein müssen, das zu tun, was für Sie richtig ist, und sich begrenzender Muster bewusst werden.

Sie wissen, wann der richtige Zeitpunkt da ist: Wenn Sie bereit sind, etwas auszuprobieren. Hier kommt C. G. Jungs Theorie von der *Synchronizität* ins Spiel. Was immer Sie im Sinn haben, es zieht die gleiche Energie an: Sie wollen beispielsweise einen bestimmten Ort aufsuchen und treffen zufällig jemanden, der gerade von dort kommt. Oder Sie haben eine Idee und stolpern über ein Buch, das Ihnen zusätzliche Informationen zu genau Ihrem Thema liefert. Kleine Signale und Botschaften fangen an, mit dem übereinzustimmen, was Sie in die Wege leiten wollen. Dies sind die Wegweiser, die Ihnen sagen: »Ja, das ist der richtige Zeitpunkt dafür, dass mein Wunsch in Erfüllung geht.«

Dann brauchen Sie einen flexiblen Entwurf für den von Ihnen gewünschten weiteren Verlauf. Ich sage flexibel, denn die Kontrolle über das Geschehen liegt nicht ausschließlich bei uns. *Seien Sie bereit für eine Veränderung und offen für das, was Ihres Weges kommt – was auch immer es sein mag.*

7
Wunsch und Erwartung

Wie kosmische Bestellungen einer Beziehung helfen können

✪ Sie sind in einer Beziehung, aber sie funktioniert nicht

Sie können kosmische Bestellungen aufgeben, wenn eine gute Partnerschaft aus dem Ruder läuft. Die Warnlämpchen blinken, aber Sie kommen nicht weiter. Dann könnte eine kosmische Bestellung Ihnen helfen, Sie aus der Sackgasse herauszuholen.

Sie kann Sie mit dem größeren Zusammenhang verbinden. Wenn Sie bei einem Problem feststecken, können Sie einen Schritt von Ihrem speziellen Thema zurücktreten und erkennen, dass die Beziehung Ihnen etwas über Sie selbst sagen will. Dann können Sie das Universum darum bitten, Ihnen zu zeigen, was Sie durch das Problem lernen sollen. Und Sie können um Hilfe dabei bitten, schlechte Gefühle loszulassen und toleranter zu werden.

✪ *Wenn wir zwanghaft meinen, mit einem bestimmten Menschen zusammen sein zu müssen*

Wenn der Zwang, mit einem bestimmten Menschen zusammen sein zu müssen, Macht über Sie hat, drehen Sie sich in einem Kreis, in dem das Universum nicht mit Ihnen kommunizieren kann. Dann fühlen Sie sich verloren. Verloren an die Sucht nach einem Menschen. Sie wollen mit jemandem zusammen sein, Sie haben bestimmte Wünsche hinsichtlich der Beziehung, Sie erwarten, dass der andere sich auf eine gewisse Weise verhält – Sie nehmen die Beziehung dermaßen wichtig, dass Sie sich unweigerlich im Stich gelassen fühlen.

Manchmal ist es nicht möglich, dass der Mensch, den wir uns wünschen, Teil unseres Lebens wird. Er ist anderweitig gebunden, für uns »nicht der Richtige« oder einfach unerreichbar. Wir können eine Menge Zeit mit dem Versuch vergeuden, der Situation unseren Stempel aufzudrücken: Wir probieren, diese unmögliche Verbindung durchzupauken und den anderen zu zwingen, das zu tun, was wir wollen. Dann steht das Universum uns aber immer als Helfer zur Verfügung, um stattdessen eine Bindung loszulassen, die für uns nicht funktionieren wird: Wenn wir lernen können, uns dem Unabänderlichen zu fügen, werden wir sehr wahrscheinlich über die Grenzen dieser Bindung hinausgeführt. Und damit öffnen wir uns für andere Möglichkeiten oder Menschen.

Kosmische Bestellungen und »Knopfdruck-Beziehungen«

Vielleicht sind Sie in einer Beziehung, die sich eher wie ein kosmischer Witz als eine im Himmel geschlossene Ehe anfühlt. Dann passiert es schnell, dass Sie die Verbindung zum Universum aus den Augen verlieren. Wenn Sie in einer solchen reaktiven Partnerschaft festhängen, in der beide ständig »Knöpfe drücken«, die Sie regelmäßig in den Zug Richtung Konflikt einsteigen lassen, können Sie die Signale möglicherweise nicht deuten, einen Sinn finden, die Dinge im richtigen Verhältnis sehen oder weiterkommen.

Schauen Sie sich als Erstes Ihre Beziehung an. Ist sie ein einziger Kampf, ohne dass Sie dieses Muster unterbrechen können? Das Universum wird diesen Automatismus nicht für Sie abbrechen. Aber wenn *Sie* bereit sind, dieses Spiel zum Ende zu bringen, können Sie einen Schritt weitergehen und das Universum bitten, Ihrer beider Zusammensein zu einem glücklicheren zu machen.

Wenn zwei Menschen auf einer höheren Ebene miteinander verbunden sind, können sie erkennen, über welches Potenzial an Ressourcen, Seinsweisen und Handlungsmöglichkeiten sie in Wirklichkeit verfügen, statt eine Beziehung zu führen, die auf Verlust und Mangel beruht und in der sich jeder gegenüber dem anderen – dem vermeintlichen Feind – verteidigt.

Die Symptome einer reaktiven Beziehung

– Hängen Sie in einem Muster fest, das am laufenden Band Konflikte produziert?
– Gibt es ständig Knatsch, der immer wieder auf dieselbe zentrale Streitfrage hinausläuft?
– Versuchen Sie, Ihren Partner so zu manipulieren, dass Konflikte vermieden werden, tappen aber trotzdem immer wieder in die Falle?
– Haben Sie das Gefühl, dass Sie in der Beziehung lediglich überleben, der ganze Spaß aber vorbei ist?
– Haben Freunde und Familienangehörige Ihnen geraten, die Partnerschaft zu beenden, aber Sie hängen so fest am Haken, dass Ihnen das ganz unmöglich zu sein scheint?

Vielleicht meinen Sie auch, die Einstellung Ihres Partners verhindere jeden Fortschritt. Aber nur einer von Ihnen beiden muss sich ändern. Sie brauchen nicht beide auf demselben Stand zu sein.

Die Beziehung, die ich hier beschrieben habe, beruht auf einer reinen Gewinner-Verlierer-Energie. Sie ist nur schwarz und weiß im Extrem, ohne Graustufen, und dreht sich darum, wer recht und wer unrecht hat. Je aufgeladener die Beziehung ist, desto mehr Adrenalin fließt auf beiden Seiten, und desto tiefer verstricken Sie sich in das Problem.

In dieser Partnerschaft geht es auch ums Besitzen – einer von Ihnen beiden möchte den anderen besitzen oder von ihm besessen sein. Sie beruht auf der Angst, Ihnen könnte die Zeit knapp werden, oder Sie könnten die Liebe verlieren. Wenn diese Ängste den innersten Kern Ihrer Zweisamkeit bilden, ist es schwierig, wirklich Frieden zu finden. Angst lässt die Gefühle Achterbahn fahren, das Adrenalin gegen die Adern hämmern, und sie hindert uns daran, den optimalen Kontakt herzustellen.

Das Gefühl, mit aller Gewalt an einem bestimmten Menschen festhalten zu müssen, ist eigentlich ein ziemlich hoher Preis. Es nimmt Ihnen die Fähigkeit, sich zu öffnen. Klammern ist im Grunde ein Dichtmachen. Sie stecken in einem negativen Energiekreislauf fest, in dem das Universum Sie nicht erreichen kann.

✪ Gewinnen oder verlieren? Wieso das Universum nicht durchkommen kann

Wenn in Ihrer Beziehung ständig »die Fetzen fliegen«, macht das dabei produzierte Adrenalin Sie süchtig. Sie meinen vielleicht, Sie wären von Ihrem Partner besessen; aber in Wirklichkeit sind Sie nach der Erregung süchtig, in die der Adrenalinstoß Sie versetzt. Er gibt Ihnen Ihren Kick und gleicht dem Auftrieb, den Sie erleben, wenn Sie verliebt sind. Diese Person und die Dynamik der Beziehung lösen ein regelrechtes Hoch aus – das Problem ist, dass dem regelmäßig ein Tief folgt.

Das Auf und Ab in der Beziehung kann Sie so »zudröhnen«, dass es schwierig ist, einen »kalten Entzug hinzulegen«, was die einzige Möglichkeit für Sie wäre, die

Dinge wieder ausgewogen zu sehen. Wir verwechseln die Dramatik vielleicht mit Liebe, weil sie sich so intensiv, so leidenschaftlich anfühlt. Wenn wir nicht aufpassen, reden wir uns möglicherweise sogar ein, das Ganze wäre so »in Ordnung«.

In Wirklichkeit macht die Beziehung uns völlig fertig, und weil wir so besessen sind von unserem Partner und davon, in der Beziehung zu *gewinnen*, ist es uns unmöglich, sie so zu sehen, wie sie wirklich ist. Wir kappen unsere Verbindung zum Universum und können die Zeichen nicht mehr richtig deuten.

Blockaden, die Beziehungen vergiften

Haben wir einen Einfluss auf das, was in unseren Beziehungen passiert? Ja, immer, aber manchmal müssen wir uns auf ihn zurückbesinnen.

Schickt uns das Universum die Art von Menschen, durch die wir das eine oder andere lernen können? Ja. Wir bilden uns ein, zwischen uns und unserem Partner müsste alles perfekt sein, aber im Allgemeinen lernen wir aus unseren schwierigen Beziehungen am meisten. Sie verlangen nämlich, dass wir an uns selbst arbeiten.

Manchmal allerdings hängen wir so in unseren toxischen Blockaden fest, dass die Beziehung total festgefahren ist. Dann können wir nur durch tiefes Graben in uns selbst entdecken, warum wir in dieser Falle sitzen.

✪ Der Aschenputtelkomplex

Der Cinderella- oder Aschenputtelkomplex ist eine recht häufige Falle. Er bedeutet, dass wir von einer anderen Person abhängig sind, um uns gut zu fühlen, und dass wir uns nur durch ihre Augen sehen. Das ist gefährlich, denn es hat zur Folge, dass wir keinen starken Persönlichkeitskern aufbauen. Wir haben ein schwaches Selbstwertgefühl, und uns fehlt die Fähigkeit, uns unabhängig vom Partner als vollwertig zu empfinden.

Wenn Sie Betroffene(r) sind, wird es so sein, dass Sie Ihr Schicksal auf jemand anderen projizieren, sodass scheinbar er die Macht hat, zu bestimmen, was aus Ihrem Leben wird. Sie machen sich klein, und Ihr ganzes Dasein kreist ständig in der Warteschleife. Denn Sie verlassen sich darauf, dass *er* alles entscheidet, zum Beispiel ob Sie heiraten oder nicht.

Es kann sehr schwierig sein, das selbst geschaffene Aschenputtelbild loszulassen. Die Märchendynamik muss beendet und die Illusion bearbeitet werden, wenn Sie versuchen, dem Leben mit mehr Sinn für die Realität zu begegnen. Die Aschenputtelrolle aufgeben bedeutet, dass Sie die Verantwortung für Ihr Leben übernehmen und sich klarmachen, dass Sie an dem, was passiert, etwas tun und nicht einfach anderen die Schuld in die Schuhe schieben können.

Eine sehr wichtige Komponente kosmischer Bestellungen dürfen wir nie vergessen: *Wir vermögen unsere eigene Realität nur dann zu erschaffen, wenn niemand anders da ist, den wir für sie verantwortlich machen können!*

Wenn wir also prinzipiell meinen, ein anderer sei an unserer Lage schuld, sind wir machtlos. Denn dann ist offensichtlich er derjenige, der unser Leben steuert, sodass wir automatisch jede Handhabe verlieren, irgendetwas zu ändern. Sobald wir aber damit aufhören, andere für unser Schicksal verantwortlich zu machen, sind wir frei, etwas Besseres zu erschaffen.

Das »Pingpongspiel«

Angenommen, in Ihrer Beziehung will der Zoff kein Ende nehmen. Streit kann eine Partnerschaft beleben, aber auch das reinste Gift für sie sein. Wann was gilt, erkennen Sie instinktiv. Ein Streit ist Gift, wenn er zur Dauereinrichtung wird und durch Bagatellen ausgelöst wird, die schnell ans Eingemachte gehen. Seine Kennzeichen sind ein schwelender Groll und ein permanenter »Krieg«, den beide Partner mit aller Macht gewinnen wollen.

Für ein Problem braucht es immer zwei Beteiligte. Irgendein unbewusster Pakt, ein Spiel zu spielen, hält das Thema auf der Tagesordnung. Und beide Parteien knallen es sich hin und her um die Ohren wie bei einem

Tischtennisspiel. Es wird zum Selbstläufer – aber *ein Spieler genügt, um es zu ändern.*

Für die Veränderung müssen Sie die bekannten Muster verlassen und das kontraproduktive Verhalten bzw. die destruktive Dynamik einstellen. Sie müssen aufrichtig Bereitschaft zeigen, es von nun an anders zu machen, und dürfen nicht halbherzig bei der Sache sein. Vielleicht meinen Sie, Sie würden keine Spielchen spielen; aber Sie tun es in aller Regel doch. Denn diese anhaltenden Kriege, Muster, Konflikte sind eigentlich ein Spiel. Und wenn sich daran irgendetwas ändern soll, müssen Sie die Verantwortung für Ihren Anteil daran übernehmen. Was tun Sie, um es in Gang zu halten?

Wenn zwischen Ihnen beiden ein so tief verankertes Muster wirkt, müssen Sie mehr tun, als bloß davon zu träumen oder sich zu wünschen, es würde sich etwas ändern. Sie müssen jedes Gramm Motivation zusammenkratzen und *wollen, dass es anders läuft.* Dabei ist es allerdings leicht, wieder in das alte Pingpongspiel zurückzufallen, denn es ist Ihnen vertraut und vermittelt Ihnen das angenehme Gefühl, im Recht zu sein, während der andere vermeintlich unrecht hat.

Fragen zum »Pingpongspiel«

- Wie halte ich es am Laufen?
- Habe ich zu jemandem eine bestimmte vorgefasste Meinung, und stelle ich dann fest, dass sein Verhalten dieser Meinung entspricht?
- Will ich meinen Konflikt mit diesem Menschen wirklich loslassen?
- Was habe ich von dem Spiel? (Recht behalten, das Drama genießen, Wut abreagieren, die Herausforderung genießen?)
- Kann ich die Vorstellung loslassen, etwas von diesem Menschen zu wollen?
- Wünsche, glaube und erwarte ich, dass die Dinge sich ändern können?

❂ Das Spiel und Ihre Einstellung dazu noch einmal betrachten

Wenn wir von jemandem eine vorgefasste Meinung haben, *wird* er dieser auch entsprechen – *für uns*. Natürlich ist er nicht für jedermann derselbe, denn andere sehen ihn nicht wie wir, sie erleben ihn von einer unterschiedlichen Warte aus. Trotzdem lassen wir die Leute ständig dadurch auf der Stelle treten, dass wir sie durch unsere Brille sehen. Wir stecken sie in eine Schublade. *Wir können also die Welt verändern, wenn wir unsere Wahrnehmung ändern.*

Wenn wir jemanden so akzeptieren, wie er ist, ohne

ihn ändern zu wollen, schaffen wir die Möglichkeit, dass etwas Neues geschieht. Vielleicht meinen Sie, der andere würde sich nie ändern, weil er so festgefahren ist. Aber wenn Sie an die Möglichkeit eines Wandels glauben, wird Ihr Spielraum größer.

Das »Pingpongspiel« wird oft durch Streitereien ausgelöst, die mit etwas relativ Belanglosem anfangen. So vieles überlagert das eigentliche, wahre Problem, dass wir meinen, wir würden über X streiten, obwohl es in Wirklichkeit um Y geht. Es gibt eine Wirklichkeit hinter der Wirklichkeit. Sie müssen erkennen, was der andere *in Ihnen* auslöst, dann können Sie sich mit diesem Thema auseinandersetzen.

Emotionale Probleme klären wollen

Sie müssen sich bewusst machen, woran Sie festhalten. Sind es Vorwürfe? Schuldgefühle? Ist es Groll? *Sie* selbst leiden, weil Sie diese Gefühle haben; sie docken nämlich an Ihren Gefühlskörper an, »verstopfen« Ihre Psyche und erzeugen ein schweres, undurchdringliches und bisweilen bitteres Gefühl. Wenn Sie es loslassen, wird Ihre ge-

> Sie können das Universum bitten, dass es Ihnen hilft, ein besseres Selbstbild aufzubauen und alle »Ich-bin-nicht-gut-genug«-Botschaften loszulassen, die vielleicht in Ihrem Inneren herumstreunen.

samte Energie frei. Aber es nutzt nichts, diese Befreiung nur als schwärmerische Vorstellung zu genießen – Sie müssen sie wirklich *wollen*.

Wenn Sie ein starkes Selbstbewusstsein haben, fühlen Sie sich automatisch weniger von dem bedroht, was andere sagen. Diese Haltung können Sie fördern. Sie könnten zum Beispiel denken: »Egal, was du sagst, ich werde mich nicht bedroht fühlen.« Eleanor Roosevelt drückte diesen Sachverhalt einmal so aus: »Niemand kann mich dazu veranlassen, mich unterlegen zu fühlen, wenn ich nicht zustimme.«

> Sie können das Universum bitten, es möge Ihnen dabei helfen, sich von diesen Gefühlen zu befreien. Aber bitten Sie es nicht darum, den anderen zu ändern; denn das ist nicht die Aufgabe des Universums.

Wie kann das Universum helfen?

Können wir über das Verhalten des anderen und das Spiel, das zwischen uns beiden abläuft, hinausblicken? Manchmal trägt es schon zur Verbesserung der Beziehung bei, wenn wir diesen Menschen »einfach« als Seele mit einer Persönlichkeit sehen. Statt ihn nur auf jemanden zu reduzieren, der sich unserer Meinung nach übel benimmt und nicht das tut, was wir wollen, können wir uns von dieser Vorstellung lösen und weiter oder tiefer sehen. Das schaffen wir, indem wir uns klarmachen, dass der andere mehr ist als ein wandelndes Paket Dynamit, das nur darauf wartet, in jedem passenden oder unpassenden Moment hochzugehen. Wenn Sie Ihre Wahrnehmung dessen, was diese Person ausmacht, erweitern und all ihre Neurosen, Ängste, Fixierungen, Unsicherheiten, Bedürfnisse, Sehnsüchte und Wünsche berücksichtigen können, bauen Sie einen Bereich auf, in dem eine tiefere Verbundenheit möglich ist. Wenn wir den Teil seiner Persönlichkeit, der uns nicht gefällt, nicht mehr am liebsten in den Wind schießen würden, sondern ihn stattdessen in das Gesamtbild einbeziehen (möglichst ohne zu urteilen), können wir selbst uns weiterentwickeln, auch wenn wir in der Beziehung bleiben.

> Wir brauchen das, was der andere sagt oder tut, weder zu mögen noch ihm zuzustimmen, aber es hilft, wenn wir ihn grundsätzlich als Menschen akzeptieren. Sie dürfen das Universum um Hilfe bei diesem Akzeptieren bitten – denn den anderen werden Sie wahrscheinlich nicht ändern können, wohl aber sich selbst.

Erkennen, was hinter dem Problem steckt

Die nächste Übung hilft Ihnen, tief in das Muster und den anderen Menschen hineinzusehen. Sie dürfte ziemlich aufschlussreich sein.

Stellen Sie zwei Stühle einander gegenüber und legen Sie auf den Boden dazwischen ein Kissen. Das eine ist Ihr Stuhl, der andere repräsentiert Ihren Partner. Setzen Sie sich auf Ihren Stuhl und stellen Sie sich vor, der andere säße Ihnen gegenüber. Vergegenwärtigen Sie sich die Spannung, die zwischen Ihnen beiden besteht. Vielleicht fühlen Sie sich bei diesem Menschen nicht wohl, er »nervt« Sie, oder die Schwierigkeiten zwischen Ihnen beiden hindern Sie daran, ihm gegenüber großzügig zu sein. Wenn es Ihnen hilft, können Sie aufschreiben, worin Ihrer Meinung nach das Problem besteht, und Ihre Gefühle ihm gegenüber notieren.

Setzen Sie sich dann auf den zweiten Stuhl! Stellen Sie sich vor, Sie wären der andere. Versuchen Sie, sich auszumalen, wie es wäre, er zu sein: wie Sie für ihn aussehen, wie Sie sich geben und wie Sie sich fühlen. Übertreiben Sie. Machen Sie ein paar Aussagen, die von ihm stammen könnten: Ich bin so und so, fühle das und das, denke dies und jenes, verteidige mich dadurch und dadurch. Werden Sie zu dem anderen, während Sie sich selbst in Ihrem ersten Stuhl sehen. Nehmen Sie wahr, was er sieht und welche Gefühle er Ihnen gegenüber hat. Stellen Sie sich dann vor, Sie hätten seine Träume, Hoffnungen und Ängste. Schlüpfen Sie wirklich in seine Haut. Um was geht es ihm? Wie beeinflusst er Ihr Verhalten? Schreiben Sie, wenn Sie wollen, all Ihre Erkenntnisse auf.

Versuchen Sie jetzt, neutral zu werden; spalten Sie sich von beiden Personen und von dem Problem ab.

Setzen Sie sich auf das Kissen zwischen den beiden Stühlen. Können Sie von dort mehr von dem Problem oder den tieferen Bedürfnissen der beiden Beteiligten sehen? Kommt Ihnen irgendeine Einsicht in das, was Sie antreibt und was passieren muss, damit ein Muster beendet wird oder mehr Verständnis aufkommen kann? Schreiben Sie alle Einsichten auf.

Dieses Vorgehen hilft uns, unsere *Projektionen* zu erkennen. Die ganze Zeit über haben wir den anderen durch unsere verzerrende Brille wahrgenommen. Wenn wir in der Übung *er werden*, können wir erkennen, wie es sich anfühlt, *er zu sein*. Wir alle projizieren fast ständig, weil es so schwierig ist, selbst transparent zu sein und andere klar bzw. in Ihrer Ganzheit zu sehen. Bei den Urteilen, Kommentaren und Entscheidungen, die wir über unsere Mitmenschen abgeben, gehen wir von unseren eigenen Werten aus. Wir sehen sie sogar als Leute, die sich auf eine Weise verhalten, wie wir es »nie tun« würden. Der Grund für diese Einschätzung? Wir haben einen Aspekt unserer selbst verdrängt, der im Unterholz unserer Psyche aber weiter herumschleicht. Jedes Mal, wenn ein bestimmter Mensch unsere Energie auf Hochtouren bringt, ist das ein Signal, dass etwas von ihm an etwas in *uns* andockt.

Das Spiel beenden

Wir haben die Möglichkeit, zu wählen, wie wir auf andere ansprechen. Wir könnten zum Beispiel beschließen, gelassen zu bleiben und die Dinge im Griff zu haben, wenn wir das wollten.

Sie können üben, nicht automatisch zu reagieren, sondern eine bewusste Antwort zu finden, indem Sie:
- sich die Zeit nehmen, einen Plan, eine Idee oder eine Antwort langsam Gestalt annehmen zu lassen,
- mit einer Gewohnheit brechen,
- ein Risiko eingehen und etwas tun, was sich außerhalb Ihrer Wohlfühlzone abspielt.

Fangen Sie an, diese Instrumente in Ihrer Beziehung anzuwenden.

Ehemalige Beziehungen loslassen

Unsere Bindung an einen anderen Menschen kann weiterbestehen, obwohl die Partnerschaft an sich schon lange beendet ist. Wir heben ihn in den Himmel, vergleichen andere mit ihm, denken nostalgisch an die guten Zeiten, die wir zusammen hatten. Oder wir spulen in unserem Kopf die schlechten Zeiten immer wieder ab und halten die Geschichte dadurch in der Gegenwart. Der oder die Verflossene ist in unserem Leben präsent wie ein Gespenst, und von unserer emotionalen psychischen Energie ist noch so viel bei ihm, dass für einen neuen Menschen kaum etwas übrig bleibt.

Bringen Sie Unbeendetes zum Abschluss! (Auch wenn nur Sie es tun.) Fragen Sie sich:
– Was kann ich nicht loslassen?
– Woran halte ich fest?
– Wie hindert mich das daran, in den übrigen Bereichen meines Lebens weiterzukommen?
– Sehne ich mich immer noch nach diesem Menschen? Warum?
– Ist er der Einzige auf der Welt, der die Eigenschaft hat, nach der ich mich sehne?
– Was habe ich ihm nicht gesagt?
– Was habe ich nicht getan?
– Was hindert mich daran, diese Angelegenheit abzuschließen?
– Kann ich zulassen und akzeptieren, dass diese Beziehung beendet ist, und einen Zustand inneren Friedens erreichen?
Sie brauchen nur *Ihren* Anteil am »unerledigten Geschäft« zu bearbeiten.

Visualisation: Den anderen loslassen

Stellen Sie sich vor, Sie stünden in der einen Hälfte der Ziffer Acht, und die Person, die Sie loslassen wollen, befände sich in der anderen. Sie sind miteinander verbunden, aber dennoch getrennt. Legen Sie im Geiste alles, was zu Ihnen gehört, in Ihren eigenen Kreis, und alles, was zum anderen gehört, in seinen, auch Worte, Ereignisse, Gegenstände und Erfahrungen. Sehen Sie, wie sich die beiden Kreise voneinander lösen und sich allmählich auseinanderbewegen; sie sind zu zwei vollständigen, getrennten Einheiten geworden.

8
Es liegt an Ihnen

Zu den aufregendsten Aspekten kosmischer Bestellungen gehört die Erkenntnis, dass so vieles im Leben tatsächlich an Ihnen liegt. Okay, es passiert immer wieder etwas, was Sie sich nicht gewünscht haben; das Schicksal befiehlt, dass bestimmte Elemente in Ihr Leben treten. Aber danach *liegt alles an Ihnen!* Sie haben die Freiheit, mit dem Leben zu tun, was Sie wollen. Wir machen aus ihm, was wir möchten. Wir können uns entscheiden, weiterhin mit Gelegenheiten zu spielen, uns auf das Leben einzulassen, ein paar kosmische Bestellungen aufzugeben und positiv eingestellt zu bleiben.

Die Schlüsselelemente

✪ *Was suchen Sie?*

Erstens ist es elementar, sich darüber klar zu werden, was genau Sie wollen. Bleiben Sie nicht vage. Lassen Sie nicht mehr zu, dass sich in Ihrem Leben alte Muster wiederholen. Fangen Sie an, aktiv hinzusehen, statt sich in Tagträumen zu verlieren.

✪ Können Sie vertrauen?

Finden Sie heraus, wie misstrauisch Sie sind. Glauben Sie an die Macht kosmischer Bestellungen? Können Sie Ihr Vertrauen etwas Höherem übergeben, einer Art göttlicher Weisheit, Führung und Sinn? Sie brauchen Vertrauen in das Leben, um dem Kosmos in die Augen zu schauen und eine Bestellung zu wagen.

Das Vertrauen stellt sich nicht automatisch ein. Wenn Sie daran arbeiten, Ihre Intuition zu entwickeln, und wenn Sie an die Weisheit und an den Sinn des Lebens glauben, bauen Sie eine Verbindung zum Unsichtbaren auf. Sie bedeutet, dass Sie jegliche Skepsis aufgeben und sich vor dem Zynismus anderer Leute schützen. Es ist so leicht, zu zweifeln oder sich lustig zu machen. *Es ist so einfach, dichtzumachen. Aber Dichtmachen bringt Sie nirgendwohin.* Es macht nur alles kleiner und stellt ein Stoppschild vor das, was für Sie verfügbar ist.

Sie brauchen Mut und Energie, wenn Sie das Leben schultern und sich darauf einlassen wollen, statt nur ein unbeteiligter Zuschauer zu sein. Sie können die Hände in den Schoß legen und alles geschehen lassen oder anfangen, wirklich zu leben. Wenn Sie es schaffen, Ihre Energie ins Fließen zu bringen, werden Sie feststellen, dass Sie das tun können, was Sie tun wollen, Sie können Ihre Probleme lösen, anderen Menschen helfen, mehr Geld verdienen und zufriedener werden. Dann fühlt das Leben sich gleich sehr viel besser an – was bedeutet, dass Sie eine Situation geschaffen haben, in der Sie nur gewinnen können.

Deshalb ist es so wichtig, dem Leben zu vertrauen, auch dann, wenn Sie nicht verstehen, was geschieht oder warum es geschieht. Nehmen Sie an, was kommt, selbst wenn es nicht ganz genau das ist, was Sie wollen … *noch* nicht. Halten Sie an Ihrer Intention fest, ohne etwas zu erwarten, und warten Sie, ohne zu kämpfen. Sagen Sie sich, dass Sie sich »ins Leben entspannen«.

✪ *Machen Sie sich klar, dass alles für Sie da ist*

Das Wichtigste ist, *nicht mehr in Panik zu geraten.* Wir meinen, das, was wir uns wünschen, müsste bis zu einem bestimmten Termin bei uns eintreffen, aber das kosmische Timing folgt eigenen Gesetzen. Seien Sie taktvoll und gelassen, dann können Sie alles bewältigen. Lassen Sie die Anspannung los, die von der Anspruchshaltung ausgeht, alles gleich *jetzt* haben zu müssen (als wären Sie ein quengelndes Kleinkind). Sie bekommen das Beste, was derzeit verfügbar ist. Auch Dankbarkeit schadet nicht. Ohne sie hängen wir in dem Kreislauf fest, immer mehr zu wollen und nie das zu schätzen, was wir schon haben.

Die Überzeugung, dass alles im Überfluss vorhanden ist, bedeutet, dass es universell gesehen keinen Mangel gibt. Es ist immer genug da – nur treten manchmal Lieferengpässe auf.

Und je verzweifelter Sie sind, desto mehr stagniert die Energie. Verzweiflung ist eine energieabweisende Kraft. Wenn Sie dann noch so hart arbeiten, blockieren Sie Möglichkeiten, dass die Lieferung zu Ihnen durchkommt. *Konzentrieren Sie sich darauf, am Ball zu bleiben, in Erwartung, aber entspannt.* Der Magnetismus, das heißt Affinität und Anziehung, funktioniert am besten, wenn Sie anziehend sind, also machen Sie sich klar, *dass* Sie es sind, und *seien* Sie es!

Sobald Sie verinnerlicht haben, dass zwischen dem, was Ihnen in der Außenwelt widerfährt, und dem, was in Ihrem Inneren abläuft, eine Verbindung besteht, haben Sie ein phantastisches Werkzeug zur Hand, mit dem Sie spielen können. Üben Sie zuerst an kleinen Aufgaben: Setzen Sie Ihre Intention und Ihre Imagination dafür ein, einen glücklichen Tag zu erleben, einen Parkplatz zu entdecken, eine Besprechung gut hinzubekommen, Ihre Kleidergröße vorzufinden. Äußern Sie immer das, was Sie wollen – *nicht* das, was Sie *nicht* wollen!

Wenn es dann im größeren Maßstab darum geht, eine Partnerschaft anzuziehen, gibt dieses Werkzeug Ihnen die Macht, Ihr Muster zu ändern. Sie erkennen nun, dass die Gefahr oder die Chance *in Ihnen* liegt – und nicht »dort draußen«. Und Sie können anfangen, zu sein, was Sie sein wollen, statt sich wie ein Automat zu verhalten.

Werden Sie bewusster

✪ Lassen Sie die Anspannung los

Von einem buddhistischen Mönch habe ich gelernt, wie wichtig Meditationen »mitten im Alltag« sind. Wir brauchen keine bestimmten Körperhaltungen einzunehmen oder Rituale durchzuführen, um mit der Kraft in Kontakt zu kommen, die uns selbst zurückspiegelt. Wir können ins Freie gehen und in den Nachthimmel schauen. Uns selbst als bloßes Pünktchen im Universum wahrnehmen und erkennen, dass es im Leben mehr gibt als unsere Probleme. Wir können an einen Fluss gehen und aus dem fließenden Wasser die beruhigende Erkenntnis gewinnen: »Auch dies vergeht.«

Oder wir können einige Male tief ein- und ausatmen und so wieder »auf den Teppich kommen«. Wenn Sie den Atem anhalten, beginnt Ihr gesamter Organismus, seine Tätigkeit herunterzufahren. Einfach durch tiefes und gleichmäßiges Atmen können wir uns auf das Mitfließen besinnen, die Verbindung zwischen Hinein- und Herauslassen. Sie können Ihr Inneres reinigen und klären und ganze Problemberge loslassen, indem Sie die toxische Energie in Ihrem Inneren mit einem einzigen großen »Pfffff ...« ausatmen. Spüren Sie die Erleichterung in Ihrem Körper. Lassen Sie alle Anspannung von sich abfallen.

Wir vergessen leicht, dass wir großen Einfluss auf unsere Gefühle haben – und zwar in jedem Fall:
– Wir können uns nicht immer aussuchen, was uns widerfährt, aber wir können stets wählen, wie wir darauf eingehen.
– In unserem Kopf schwirren so viele Gedanken, Erinnerungen und »To-do-Listen« herum, dass wir uns zerrissen und erschöpft fühlen. Wir dürfen diesem mentalen »Geplapper« nicht zu viel Beachtung schenken und müssen es abstellen, damit unsere kosmischen Bestellungen effizient sind und es uns psychisch gut geht.
– Unsere Körperhaltung ist ein verräterisches Zeichen dafür, was in uns vorgeht. Sie gibt anderen zahlreiche Informationen.

Körpersignale
Dem anderen nicht in die Augen zu sehen deutet einen Mangel an Verbundenheit an.
Ein ständig auf und ab wippendes Knie weist auf nervöse Energie oder Ungeduld hin.
Hochgezogene Schultern zeigen das Bedürfnis, sich zu schützen, oder das Gefühl, überlastet zu sein.
Ein starrer Ausdruck bedeutet, dass Sie zugeknöpft oder angespannt sind.

Damit Sie emotional offen bleiben können, müssen Ihr Körper und Ihr Geist offen bleiben. Aber wie sieht es mit dem Selbstschutz aus? Schließlich wollen wir nicht zur leichten Beute der negativen Energie anderer werden. Mit der einfachen Visualisierung »Öffnen und schließen« können Sie üben, sich offen zu zeigen und zu schützen.

Öffnen und schließen

Stellen Sie sich vor, Sie wären eine Blume. Sehen Sie sich zuerst als geschlossene Knospe, die ihre Farbe, ihren Duft und ihre Schönheit in sich verbirgt. Stellen Sie sich dann vor, wie diese Knospe, die Sie sind, sich langsam zu einer Blüte entfaltet. Beobachten Sie, wie jedes einzelne Blütenblatt sich öffnet. Wenn die Blüte ihre ganze Pracht erreicht hat, genießen Sie das Gefühl, strahlend offen und für jeden sichtbar zu sein. Sie sind in Bestform. Beobachten Sie dann, wie die Blütenblätter sich langsam wieder schließen, eins nach dem anderen, bis sie erneut zu einer festen Knospe geworden sind. Nur Sie allein bestimmen, wann Sie sich öffnen und wann Sie sich schließen. Üben Sie!

✪ Unsere Entscheidungen

– Wir können *beschließen, unsere Projektionen zu sehen:* wo wir etwas von uns (gewöhnlich die Teile, die wir nicht wahrhaben wollen) auf einen anderen Menschen übertragen. Indem wir beispielsweise sagen: »Dieser Mensch ist gemein«, »… durchtrieben« etc. Wir schreiben unsere unbewussten Wünsche und Impulse jemand anderem zu. Sobald wir erkennen, dass wir entscheiden, ob wir etwas als positiv oder negativ wahrnehmen, brauchen wir weder Zeit noch Energie damit zu vergeuden, den anderen zu beurteilen, sondern können mit unserem eigenen Leben weitermachen. Es ist ohnehin alles Projektion, und wir können so oder so entscheiden. Das gibt uns mehr Macht über unser eigenes Leben.

– Wir können *beschließen, eine Krise als Chance zu sehen.* Das chinesische Wort für Krise ist *wei-chi* und stellt die Begriffe »Krise« und »Chance« nebeneinander. Mag sein, dass wir zurzeit ein Problem haben, aber wenn wir es unbedingt nur als Schwierigkeit auffassen wollen, verpassen wir die Chance, die es enthält. *Im Endeffekt zählt nicht, was uns zustößt, sondern wie wir über das denken, was uns widerfährt.*

– Wir können *beschließen, die Intention zu haben,* das anzuziehen, was wir wollen, und in dieser Richtung etwas Positives unternehmen. Das Verzögern ist übrigens das Gegenteil einer Intention.

– Wir können *beschließen, mit dem Kosmos, uns selbst und unseren Mitmenschen in Verbindung zu bleiben.* Oder uns daran erinnern, dass wir tatsächlich alle miteinander verbunden *sind.* Energien sind miteinander vernetzt, gleich, wie zufällig und chaotisch sie scheinen. Renommierte Wissenschaftler sind in ihren Überlegungen sogar so weit gegangen, zu erörtern, ob der Flügelschlag eines Schmetterlings in Texas sechs Tage später in Tokio einen Taifun auslösen kann. Aber dieser Verbundenheitsgedanke ist nicht neu. Man könne keine Blume berühren, ohne einen Stern zu beeinflussen, sagte beispielsweise Francis Thompson.

– Wir können *beschließen, »leicht zu reisen«*: »Tanze, als sähe dir niemand zu, liebe, als wärst du nie verletzt worden, singe, als könnte dich niemand hören, lebe, als wäre das Paradies auf Erden«, heißt es bei Mark Twain.

– Wir können *beschließen, das Gegebene zu akzeptieren.* Das verschafft Ihnen die größte Macht, alles zu tun, was Sie wollen. Es ist der Dreh- und Angelpunkt und überraschend dynamisch. Es bedeutet nicht, dass Sie etwas vergessen müssen oder mit dem Verhalten eines anderen oder einem Ereignis einverstanden sind. Das Akzeptieren hat magische Kraft. Es bedeutet, dass Sie Ihre Reaktionen ändern und umarrangieren und mit sich selbst im Frieden leben können. Manchmal *(aber rechnen Sie nicht damit!)* wandelt sich dann die gesamte Situation.

✪ *Erhöhen Sie Ihr Energieniveau*

Gelegentlich sagen wir Sätze wie: »Das ist wieder einer ›dieser Tage‹, an denen nichts zu klappen scheint.« Oder es würde »gerade so gut für uns laufen«, dass wir anscheinend nichts falsch machen können. Egal, woran es im einen oder anderen Fall liegen mag – einer Glückssträhne, zäh fließender Energie, statischen Interferenzen, einer Pannenserie aufgrund von Nachlässigkeit oder einer Reihe zusammenpassender Gelegenheiten –, wir erkennen, dass das Timing richtig oder falsch ist und wir damit umgehen können.

Wenn Sie merken, dass der Zeitpunkt nicht stimmt, können Sie Energie sparen und dahin lenken, wo Sie sie am ehesten brauchen. Falls Sie zum Beispiel des Öfteren versuchen, eine bestimmte Person oder Organisation anzurufen, aber jedes Mal feststellen, dass Sie nicht durchkommen – weil die Leitung ständig besetzt oder der Teilnehmer nicht erreichbar ist –, können Sie das als eine Botschaft vom Universum auffassen. Lassen Sie es sein! Sie vergeuden nur Zeit und Energie, wenn Sie weiterhin versuchen, diesen Anruf zu tätigen. Warten Sie einen anderen Tag ab, und Sie werden sicher feststellen, dass Sie sofort durchkommen. Vielleicht beschließen Sie, *dynamisch* zu sein und trotzdem immer weiterzuackern, aber das ist dann in Wirklichkeit nur Ihr Ego, das versucht, dem universellen Energiestrom seine Überlegenheit zu beweisen. Oder Sie beschließen, auf »Empfang« zu schalten und auf die Signale zu achten. Ihre Zeit anders zu verwenden und zu warten, bis die schwache Energie stärker wird und wieder zu fließen beginnt.

Sie können bekommen, was Sie wollen, wenn Sie in die Stille gehen.

Gleiches gilt, wenn Sie etwas Bestimmtes kaufen möchten. Egal, wo Sie hingehen oder was Sie anprobieren, es ist einfach nicht ganz das Richtige, sieht an Ihnen nicht gut aus oder ist nicht in Ihrer Größe vorrätig. Wenn so etwas zwei-, dreimal hintereinander passiert, sollte es bei

Ihnen »klick« machen. Lassen Sie die Einkaufstour für heute sausen, es sei denn, Sie wollen sich an den Rand eines Nervenzusammenbruchs bringen und Zeit verschwenden. Wenn Sie Ihre Energieantennen ausfahren, werden Sie schnell mitbekommen, was in der Luft liegt. Gleich, ob die Energie hoch oder niedrig ist – Sie werden die Signale deuten und die Botschaft verstehen.

Wir sind so daran gewöhnt, gestresst zu sein oder Frust zu schieben, dass wir die Fähigkeit verlieren, einfach still zu sein. Das ständige Beschäftigtsein wird so betont, dass sich nach den Wertvorstellungen des 21. Jahrhunderts nur mit extravertierter Aktivität ein paar Lorbeeren ernten lassen. Wir tragen unseren Stress wie ein Abzeichen vor uns her, um zu zeigen, wie wichtig, nötig, umtriebig und erfolgreich wir sind. Wenn wir dann schließlich einmal Freizeit haben, kann unser Körper nicht wirklich entspannen. Natürlich kostet Verbissenheit viel mehr Energie als Entspanntsein. Die permanente Geschäftigkeit raubt und untergräbt unsere Power. Und sie verwehrt uns einen Ort der Stille, an dem wir uns mit dem Universum verbinden können.

Die Energie spricht natürlich gut auf eine bessere Ernährung und eine sauberere, aufgeräumtere, ruhigere Umgebung an. Wir sind süchtig nach Medien und danach, durch so unpersönliche Hilfsmittel wie SMS-Nachrichten miteinander »in Kontakt« zu bleiben. Das wechselseitige Bombardement mit solchen Nachrichten und die Überschwemmung mit schockierenden Schlagzeilen in den Medien dezimieren unsere reine Energie. Wenn wir ständig schlechte »News« aus dem Fernsehen aufsaugen, hirnlosen Müll lesen und über Leute tratschen, geht unsere gute Energie schnell baden. Nehmen Sie auch wahr, was in Ihrer Umgebung los ist. (Die Energie in Ihrem persönlichen Umfeld können Sie beispielsweise mithilfe von Feng Shui harmonisieren.)

Zwischenstopp im leeren Raum
Manchmal bekommen wir eine Zwangspause im leeren Raum aufgedrückt. Die U-Bahn bleibt im Tunnel stecken, der Bus kommt nicht, unsere Verabredung lässt auf sich warten. Das ist keine Zeitverschwendung! Es sind Chancen, in die Leere hineinzugehen und das seelische Gleichgewicht wiederherzustellen oder sich mit dem zu verbinden, was wir wollen – und dann ein paar Wünsche zu formulieren.

Und zum Schluss

Jeder von uns ist ein Suchender – er sucht jemanden oder etwas, damit er das Gefühl hat, vollständig zu sein. Oft bilden wir uns ein, ein anderer Mensch würde uns dieses Gefühl vermitteln, aber in Wirklichkeit können wir es nur in uns selbst finden. Schon wenn wir »in uns finden« hören, fühlen wir uns leer, denn im Geiste checken wir unseren Mageninhalt und merken, dass da nur Dosenbohnen oder – bei Gesundheitsfans – Gojibeeren sind, auf keinen Fall aber ein ewiger und reichlicher Vorrat an Glück. Wo also ist es?

Die alte taoistische Weisheit spricht von der »Quelle«, von der alles herkommt und zu der alles zurückkehrt. Alles kommt von dort, eine Handtasche, ein Hotdog oder ein glückliches Lächeln. Die Fähigkeit, diesen »Ort« zu erreichen, ist Ihre Fahrkarte zum Glück. Und je öfter Sie ihn aufsuchen, an ihm teilhaben und ihn in Ihr Leben bringen, desto glücklicher werden Sie sein. Gleich, was passiert. Die Fähigkeit, sich mit dieser breit dahinströmenden Fülle zu verbinden, ist Ihre Chance, Ihre Batterien wieder aufzuladen, und das, was hier auf Erden dem Himmel am nächsten kommt. Sie ist Ihre ständig verfügbare Quelle der Sicherheit – und Sie können sich jederzeit mit ihr verbinden … *es liegt an Ihnen!*

Die Botschaft der Krafttiere

ISBN 978-3-442-33775-0

80 prachtvolle Tierkarten und das Begleitbuch erlauben mit Hilfe
schamanischer Weisheit den Blick auf verborgene Realitäten.
Vergleichbar dem Tarot werden verschiedene Legesysteme beschrieben,
die Hilfe bieten bei der Analyse von Situationen, bei schwierigen
Entscheidungen und bei der Selbsterkenntnis.

GOLDMANN
ARKANA